Einleitung

in

das wissenschaftliche Studium

der

Landwirthschaft.

Wirklich gehaltene Vorlesungen

von

Dr. E. Baumstark,

Geheimem Regierungsrath, Ord. Professor der Staats- und Kameralwissenschaften an der Universität zu Greifswald, und Director der staats- und landwirthschaftlichen Academie zu Eldena.

Als Anhang: Historisch-statistische Nachricht über den Besuch der Academie Eldena seit ihrer Eröffnung, und Namensverzeichniß aller ihrer Studirenden seit dem Jahre 1835.

Berlin.

Druck und Verlag von Georg Reimer

1858.

Vorrede.

Die hier folgenden Vorlesungen habe ich seit achtzehn Jahren an hiesiger Academie zum Anfange fast eines jeden Halbjahres gehalten, meistentheils an sieben hinter einander folgenden Tagen in täglich anderthalb bis zwei Stunden. Obschon ich sehr oft durch Kollegen und Zuhörer angegangen worden bin, dieselben gedruckt zu veröffentlichen, so konnte ich mich früher dennoch nicht dazu entschließen. Denn diese Vorlesungen enthalten kaum etwas mehr als längst Bekanntes, und die Nachsicht, welche die Freunde gerne üben, kann nicht wohl der allgemeinen Lesewelt zugemuthet werden. Die Besorgniß vor einer ungünstigen Aufnahme, welche das im Hörsaale vor einer bestimmten Zuhörerschaft Gesprochene als Gedrucktes in der großen weiten Oeffentlichkeit erleiden könnte, überwog bisher bei mir den oft wiederholten Wunsch meiner geliebtesten Schüler, diese Vorträge als gedruckte Erinnerungsblätter in das Leben hinaus mitnehmen zu können. Ich würde sie selbst auch jetzt noch nicht so veröffentlicht haben, wenn nicht folgende wohlthuende, — vielleicht bestechende, — Erfahrung hinzu gekommen wäre.

Nach Verfluß des Sommer-Halbjahres 1857 ließen mir Zwei meiner Zuhörer, welche, wie Andere, diese Vorlesungen mehrmals gehört hatten, — die jetzigen Gutsverwalter Herren P. Arndt und A. Fürstenberg, — dieselben in sauberer Reinschrift überreichen. Sie hatten dieselben, der Eine stenographisch und der Andere in gewöhnlicher Schrift, im Hörsaale Satz für Satz nachgeschrieben und diese ihre doppelte Arbeit in Eine verschmolzen. Diese große Aufmerksamkeit und Liebenswürdigkeit hat mich tief bewegt, und es gewährte mir ganz eigenthümliche Gefühle, mich mit meinem Eifer und meinen Schwächen in einem so umfangreichen Schriftstücke selbst zu lesen. Erst jetzt erkannte ich auch, daß diese Vorlesungen ein Bild unseres hiesigen achtzehnjährigen Strebens und Lebens seien. Sie waren stets ganz freie Vorträge gewesen, vorzüglich zur Anregung, ein geistig Werk der Stunde, worin sie gehalten wurden, mitten aus dem in mir lebenden und geordneten vielseitigen Stoffe. Ich änderte ab und setzte zu, aus jüngster und ältester Erinnerung, aber nur wie und was ich gesprochen hatte, und strich blos das Wenigere, was eben nur gerade dem Augenblicke angehören konnte und nur für die Zuhörer des beginnenden einzelnen Halbjahres von Interesse gewesen war.

So ist entstanden, was auf den nachfolgenden Blättern gedruckt ist, treu und lebendig, wie es von den Lippen geflossen, mit seinen Mängeln, mit etwaigem Guten. Ich bringe es zunächst meinen Zuhörern dar zur Erinnerung an Stunden, welche ihnen nicht nutzlos verstrichen sind. Anderen kann es vielleicht zur Belehrung dienlich sein. Allen Lesern ohne Ausnahme übergebe ich es als die Summe derjenigen Grundsätze und Maximen, nach welchen ich, soweit es in meiner Hand lag, die hiesige Academie von jeher geleitet habe. Darf man vom Erfolge auf ihren Werth schließen, so haben sie sich als angemessen bewährt. Denn nicht blos herrscht seit eilf bis zwölf Jahren unter den Studirenden der Academie ein ganz vortrefflicher Geist, sowohl des Fleißes als auch der guten Sitte, sondern es sind aus derselben auch viele ausgezeichnete practische Landwirthe, tüchtige Oeconomie-Commissarien, gerühmte landwirthschaftliche Schriftsteller, treffliche Lehrer der Landwirthschaft, und ebenso vorzügliche wie einflußreiche Directoren höherer landwirthschaftlicher Lehranstalten hervor gegangen, während ihre Einrichtungen bei der Gründung neuer königlicher landwirthschaftlicher höherer Lehranstalten als Vorbild gedient haben.

Pulcherrimum et humanissimum existimo, severitatem comitatemque miscere, ne illa in tristitiam, haec in petulantiam procedat. Plinii Epistolae VIII. 21.

Eldena, an Neujahr 1858.

E. Baumstark.

Inhaltsverzeichniß.

Erste Vorlesung.

Die Wissenschaft, ihr Zweck, ihr Nutzen.

Meine Herren! Der Zweck, welchen diese Vorlesung hat, ergiebt sich schon aus den Worten, womit sie angekündigt ist:

„Ein- und Anleitung zum akademischen Studium."

Es soll Ihnen durch diese Vorlesung Aufklärung gegeben werden darüber, was Sie hier wollen oder vielmehr was Sie wollen sollen, Aufklärung über die Aufgabe, die Sie sich gestellt haben. Im Allgemeinen ist sich ein Jeder von Ihnen derselben bewußt. Denn er hat sich oft gesagt, daß er die Anstalt besuchen wolle, um sich für den Betrieb der Landwirthschaft vollständiger auszubilden. Sie haben ein Bedürfniß gefühlt, die Ursachen und Gründe dessen zu erfahren, was Sie in der Landwirthschaft bisher gesehen und selbst haben thun müssen. Doch dieses Bedürfniß und der Entschluß, darüber Studien zu machen, ist nicht genug. Ich zweifle, ob Sie sich schon gefragt haben, wie Sie dies anzufangen, und wie Sie sich bei dem landwirthschaftlichen Studium zu verhalten haben. Und wenn Sie sich auch diese Frage schon vorgelegt haben sollten, so ist doch noch zu bezweifeln, ob Sie sich dieselbe vollständig beantwortet haben. Und hätten Sie dies, so würden Sie kaum mehr nöthig haben, eine solche Vorlesung zu besuchen.

Es ist also meine Aufgabe, Ihrem Geiste und Ihren Wünschen zu Hülfe zu kommen, d. h. ehe Sie das Studium selbst beginnen, Ihnen auf dem weiteren krummen und geistig gefahrvollen Weg einen Wegweiser mitzugeben, damit Sie auf ihm an allen Irrwegen vorbei zu Ihrem Ziel gelangen können, damit Sie es erreichen in dem Maaße der Vollkommenheit, wie es einem Jeden, je nach Befähigung und Vorbildung, möglich ist.

Jedes wissenschaftliche Studium umfaßt eine Menge theils wirrer, theils gegliederter Kenntnisse. Es ist die Aufgabe der Lehrer, diesen Knäuel zu entwirren und das Gebiet der systematisirten Erkenntniß immer zu vergrößern. Es wird nie dazu kommen, jenen Knäuel ganz verschwinden zu machen. Im Gegentheil, er wächst gleichmäßig mit der Masse des gegliederten Wissens, denn je weiter der Mensch mit dem Klaren fortschreitet, um so mehr Unklares erblickt er noch und um so begieriger wird er, Unklares zu erkennen.

Mit der Lehre von der Landwirthschaft ist es wie mit der Wissenschaft überhaupt, sie wird von Manchem oft mit Füßen getreten als Etwas, dessen der Mensch nicht bedürfe. Gleichwohl giebt es selten ein menschliches Wesen, das mit seinem Wissen zufrieden wäre. Und sind auch wirklich solche Menschen vorhanden, so können sie nur dumm oder eitel und ohne jegliche Einsicht über ihr eigenes Wissen sein. Unter Letzteren ist durchaus nicht der gemeine Mann zu verstehen, solcherlei Menschen kommen vielmehr in den s. g. höheren Ständen vor und sind jene, die schon von Kindheit an überhaupt nichts oder nur wenig und namentlich nicht lernen, daß das Wissen ihnen Noth thue. Diejenigen aber, welche im glücklichen Besitz von Gütern einen Durst nach Wissenschaft und Kunst haben, gehören zu den seltneren Menschen.

Unsere Akademie ist nicht im Stande mit dem wissenschaftlichen Erkennen dem Schüler auch eine Wünschelruthe des sachlichen Reichthums mitzugeben. Aber sie darf es sich zum Ruhme nachsagen, daß sie dem scheidenden Schüler in der errungenen wissenschaftlichen Erkenntniß-Methode eine Quelle innerer und äußerer Vervollkommnung erschließt. Nicht ein Jeder ist berufen, die Wissenschaft allein zur Förderung des geistigen Lebens zu treiben. Die Meisten verfolgen damit practische Zwecke. Aber auch für diese giebt es kein sichereres Mittel als gute wissenschaftliche Bildung. Denn sie gewährt die gründlichste und umsichtigste Erkenntniß. Diese, meine Herren, suchen Sie für die Landwirthschaft.

Wie haben Sie es zu machen, um dieselbe zu erreichen? — Dies ist unsere Frage in dieser Vorlesung. Vor Allem muß Klarheit in Ihren Köpfen darüber sein, was die Wissenschaft will und was sie ist.

Diejenigen unter Ihnen, welche diese Vorlesung schon öfter gehört haben, begegneten stets am Anfange derselben dieser Frage. Und erörtere ich sie, so ist es natürlich, daß ich auf die verkehrten Ansichten komme, welche man im Leben darüber hat. Es ist ja leider eine Thatsache, daß Einer, der eine höhere landwirthschaftliche Lehranstalt besucht hat und dann einen Dienst sucht, oft der niederschlagenden Ansicht begegnet, man müsse sich hüten, einen solchen als Inspector anzunehmen. Dies rührt daher, daß die Practiker oft von der Wissenschaft, und was sie will, keinen Begriff haben. Man stellt sich leider nur zu oft unter einem wissenschaftlich gebildeten jungen Landwirthe einen Menschen vor, der, den Stock auf's Kreuz gehalten, in die Luft sieht und in Theorien vertieft die Arbeiten vergißt, die er beaufsichtigen soll, — einen Menschen, der es nicht versteht und gar nicht dazu kommt, das practische Leben zu betrachten und zu erforschen, — einen Menschen, der chemische Verbindungen herzuzählen und aufzulösen vermag, aber doch nicht versteht, den Dünger zu würdigen und richtig anzuwenden, — einen Menschen, der alle Boden-Klassen auswendig weiß, aber doch nicht im Stande ist, den Boden zu beurtheilen, — einen Menschen, der untauglich gemacht ist für die lebensfrische Welt des Handelns, ja sogar auch für die lebenslustige Gesellschaft, in der er sich bewegen soll.

Solcher Männer hat es in früheren Zeiten bei allen wissenschaftlichen Fächern nicht wenige gegeben und gerade der Professor-Stand ist übel berüchtigt gewesen, Subjecte zu besitzen, die sich mit dem Studium ganz dem Leben entwöhnten und gar keinen Sinn mehr fürs Leben hatten, ja im besten Lebensalter unfähig waren, in der Welt etwas Nützliches zu thun. Daran sollte nun die Wissenschaft Schuld sein, während es die persönliche Thorheit oder Ungeschicklichkeit war. Und auch jetzt noch geht es oft nicht anders her. Ein wissenschaftlich gebildeter junger Mann unternimmt selbstständig den Betrieb einer Landwirthschaft, — er hat Unglück und es wird der Wissenschaft zur Last gelegt. Oder er gilt nur für wissenschaftlich gebildet, ist es aber nicht oder nur halb, und wieder verschuldet seine Fehler die Wissenschaft. Oder er war vielleicht früher ein guter Mensch, gerieth aber auf der höheren Lehranstalt auf abschüssige Bahnen, und daran ist natürlich die Wissenschaft und nicht sein schwacher Character, oder besser gesagt, die Anstalt und nicht seine verkehrte Erziehung Schuld.

Meine Herren! Sie begreifen sehr leicht, daß die Wissenschaft etwas so Verkehrtes nicht sein kann. Denn es wäre erbärmlich, ihr Jahrtausende lang zu huldigen, Opfer zu bringen, Vorschub zu leisten, ihr Anstalten zu errichten, wäre sie ein solches Unwesen, wie dasjenige ist, welches die unwissende Welt sich darunter vorstellt. Was auf der ganzen Erde alle zur Cultur gelangten Völker seit Jahrtausenden, also von jeher das Menschengeschlecht begeistert hat, was die edelsten Gemüther und Geister aller Zeiten gefesselt hat, muß etwas Gutes, etwas Nützliches sein, denn das Schlechte, das Nutzlose, Schädliche erhält sich nicht so lange in wahrer öffentlicher Verehrung und Pflege.

Was ist denn nun aber diese Wissenschaft?

Unser Wissen schöpfen wir zum Theil aus der Erfahrung, zum Theil aus einer innerlichen höheren Anschauung, deren Definition uns nicht aufhalten soll, die aber ein jeder Mensch schon selbst an sich erfahren hat. Die Naturwissenschaften, Geschichte, Gewerbslehre schöpfen aus der Erfahrung und deshalb nennt man sie ihrer Quelle nach empirische oder Erfahrungswissenschaften; die anderen, z. B. Theologie, Philosophie u. s. w. und zum Theil auch die Rechtswissenschaft, schöpfen aus einer Anschauung im Innern des Menschen, und man nennt sie deshalb rationale oder Vernunftwissenschaften. Meine Herren! Sie können an sich selbst wahrnehmen, daß Ihnen öfter mit Einemmal ein ganz neuer und eigenthümlicher s. g. Gedanke auftaucht; Sie haben es erlebt, daß Ihnen beim Nachdenken, z. B. über religiöse Dinge, mit einem Blick in Ihr Inneres, von welchem Sie sich keinen Begriff machen können, ein wahrer Sonnenschein aufgegangen ist. Diese Art von innerem Wahrnehmen ist es, woraus die rationellen Wissenschaften ursprünglich schöpfen. Am unmittelbarsten ist das Wirken dieser inneren Anschauung in dem Entstehen ächter Kunstschöpfungen erkennbar.

Die größten Meister in allen Künsten, gefragt: wodurch sie zu dieser oder jener Idee gekommen seien, sagten: sie wüßten es nicht, oder Gott habe es ihnen eingegeben. Und es ist nichts Anderes, als das ursprüngliche Erkennen der Idee des Schönen an und aus sich selbst, eine Befähigung, deren Ursprünglichkeit mit einer solchen Einheitlichkeit, mit einer solchen Kraft, mit einem solchen in sich selbst Fertig- und Vollendetsein gepaart ist, wie es durch Nachdenken schärfster, gründlichster und mühevollster Art niemals erreicht werden kann. Vergleichen Sie das in allen Künsten — Malerei, Bildhauerei, Poesie, Musik, — durch die größten Genien aller Zeiten und Völker G e s c h a f f e n e mit dem von den weniger begabten Künstlern G e m a c h t e n, — das von den größten Geistern aller Zeiten und Völker in der Philosophie, welche die letzten Gründe dessen, was da ist, aufzufinden sucht, an's Licht Geförderte mit dem von ihren weniger begabten Schülern Erdachten! — Die größten Männer hierin haben dasjenige, was sie entdeckt oder geschaffen, nicht aus Erfahrung, sondern auf dem Wege innerer Anschauung hervorgebracht. Der ächte Künstler ist ein Philosoph, der wahre Philosoph ein ächter Künstler. Ist es der tiefe Blick der Erkenntniß in Natur, Menschheit, und göttliches Wesen oder die künstlerische Schöpfung hoher Ideale, was uns beim Anblicke ächter Kunstwerke der Malerei und Skulptur, beim Anhören größter Meisterwerke der Musik mehr ergreift? — Bewundert man bei den Werken der größten Philosophen mehr das künstlerische Wesen ihrer Schöpfungen oder ihren tiefen und scharfen Blick in die menschlichen und göttlichen Dinge? Und unsere größten Dichter! Ist es mehr die Schönheit ihrer Werke oder die Tiefe ihrer Gedanken, was uns in ihnen so hinreißt? — Die Schönheit und Wahrheit ist es gleichzeitig, welche uns so ergreift.

Allein Wissenschaft im eigentlichen Sinne ist weder jenes Wissen aus der Erfahrung noch dieses Erkennen aus innerer Anschauung. Zum wissenschaftlichen Wissen gehört mehr als dies. Erfahrung und innere Anschauung sind nur die ersten Quellen alles Wissens, also auch desjenigen, welches man Wissenschaft nennt. Einzelne, ja ganze Völker, nach verschiedenen Culturzuständen, können schon vieles wissen, ohne jedoch im Besitze der Wissenschaft zu sein. Es giebt verschiedene Grade des Wissens.

Gehen wir von dem Wissen der Thiere aus, zuerst der wilden, dann der gezähmten. Betrachten wir im Gegensatze dazu nur das Wissen des Kindes! Fassen wir das verschiedene Wissen der reiferen Jugend und der Erwachsenen in's Auge! Alsdann das der verschiedenen Bürgerklassen, und zuletzt das Wissen des Mannes der Wissenschaft! Wie verschieden ist es nach Art,

Tiefe, Höhe, und Umfang! Sie selbst besitzen eine Menge Wissens; aber es ist keine Wissenschaft, und doch wissen Sie mit einem klareren, geübteren Verstande als der gemeine Mann. Steigen wir höher! Sie bewundern das Wissen eines Ihrer früheren, jetzigen oder künftigen Lehrer, z. B. der Mathematik, der Geschichte, der Alterthumskunde, der Sprachen, Physik oder Chemie, und Sie sagen: „der Mann hat ein viel größeres Wissen als ich." Und steigen Sie mit Ihrem Blicke zu den heutigen Koryphäen der Wissenschaft, z. B. zu einem Humboldt hinauf, so sagen Sie: „Menschlich erfaßt ist wohl dies das höchste Wissen, was Gott dem Menschen verleihen kann!" —

Der Unterschied zwischen dem Wissen des Menschen und dem des Thieres, wenn man dies so nennen kann, beruht auf demjenigen, was den Menschen vom Thiere unterscheidet, — auf der Vernunft und auf dem Verstande. Jene befähigt ihn, das Wahre, Gute und Schöne zu erkennen, — dieser ihn, zu erforschen und das Erforschte oder Erkannte zu prüfen. Letzteres thut der gewöhnliche Mensch mit dem s. g. gesunden Menschenverstande. So anerkennenswerth ein solches Wissen auch ist, — dennoch ist es nur ein mittlerer Grad des Wissens, — kein Wissen mit vollkommenem Bewußtsein des Wissens. Dieses ist das höchste, das vollständigste und klarste menschliche Wissen, das wissenschaftliche Wissen, die Wissenschaft.

Es beruht dieses Wissen auf demjenigen, was man Selbstbewußtsein nennt. Merken Sie wohl, meine Herren: Selbstbewußtsein, d. h. daß man es weiß, daß und warum man weiß. Dieses heißt: sich selbst darüber klar zu sein, daß das Gewußte Wahrheit und was der letzte Grund der Wahrheiten ist, welche man als solche erkannt hat. Wir haben als wissenschaftlich Wissende nicht blos die Wahrheit, sondern auch das Bewußtsein, von der Wahrheit überzeugt zu sein. Man nennt dies gewöhnlich Ueberzeugung. Allein dies Wort wird oft auch in anderer Bedeutung gebraucht. So fühlen Sie sich oder sind Sie überzeugt von einer großen Menge reeller Wahrheiten oder Lehren, deren letzten Grund zu erkennen Sie nicht im Stande sind, d. h. es giebt eine Ueberzeugung, welche nicht auf jenem Selbstbewußtsein, sondern auf dem Vertrauen oder Glauben beruht und einen unbestreitbaren Werth hat, wo der Mensch den letzten Grund der Wahrheit nicht fassen, wo er ahnen, auch mit der Vernunft anschauen, aber nicht mehr mit dem Verstande prüfen, nicht sich vollkommen selbst bewußt werden kann. Dieser Glaube ist für das Leben von der größten Bedeutung. Streichen Sie den Glauben aus der Welt, den Glauben der Menschen unter sich, den Glauben an Gott und die göttliche Vorsehung, hinweg, so fällt der ganze Gesellschaftsorganismus und die sittliche Weltordnung zusammen. Wir glauben einander Vieles. Meine Herren, glauben Sie Ihren Freunden, glauben Sie ehrenhaften Männern, glauben Sie an die Tugend, glauben Sie an ein künftiges Leben! Glauben Sie aber nicht in der Wissenschaft; denn hierher gehört nicht der Glaube, sondern Selbstbewußtsein. Zweifeln Sie in der Wissenschaft, bis die Wahrheit Ihr Selbstbewußtsein ist. Zweifeln und grübeln sie dagegen nicht in Sachen des Glaubens!

Meine Herren! Sie fragen nun wohl: Wie erfahren und erkennen wir die Wahrheit? Wie erlangen wir das Selbstbewußtsein von ihr? — Ich antworte Ihnen Folgendes:

Sie müssen es lernen, sich richtige Ideen durch innere, und richtige Vorstellungen durch äußere Anschauung zu verschaffen, sich hieraus und hierauf richtige Begriffe, durch deren Verbindung richtige Urtheile, und durch deren Vergleichung richtige Schlüsse zu bilden. Aber dies ist nicht genug. Sie müssen lernen, die Richtigkeit dieser Ideen, Vorstellungen, Begriffe, Urtheile und Schlüsse selbst zu prüfen und zu beweisen. So lange Sie Alles dies nicht haben, haben Sie keine wissenschaftliche Erkenntniß, kein wissenschaftliches Wissen. Wer aber so weiß, der kann auch gar nichts anders wissen, als in ganz genau gegliederter oder systematisch geordneter Form, er hat aus vielen Einzelheiten sich allgemeine Gesetze, hieraus wieder Grundsätze gebildet und umgekehrt eine Menge von Einzelnem oder Besonderem aus jenem Allgemeinen oder mittelst desselben in der Gliederung abermals gefunden. So geht ein jedes Wissen und Forschen bald in aufsteigender bald in absteigender Richtung zwischen dem Allgemeinen und Besonderen hin und her.

Wissenschaft ist ein Inbegriff gleichartiger Kenntnisse mit Verstandes-gesetzmäßigem Beweise von der Richtigkeit, in Verstandes-gesetzmäßiger Form und mit Verstandes-gesetzmäßiger Anordnung. Ein höheres oder tieferes Wissen des Menschen giebt es nicht. Es ist das Wissen nach den Gesetzen der Denklehre oder Logik, welche man vielleicht am kürzesten und treffendsten als die Wissenschaft von der Wahrheit an sich bezeichnen kann. Ohne Logik kein wissenschaftliches Wissen, weder in der Wissenschaft im Allgemeinen, noch in einer besonderen Wissenschaft!

(Nun erläutert der Redner das Wesen und die Bedingungen der Richtigkeit der Vorstellung, des Begriffes, des Urtheils und des Schlusses, und fährt dann fort:)

Einige Beispiele werden Ihnen die Sache klarer machen. Ich gebrauche zuerst als Beispiel die Kartoffelkrankheit. Ich frage Sie, haben wir hiervon eigentlich eine befriedigende wissenschaftliche Kenntniß, überhaupt so recht eigentlich eine Kenntniß? — Keineswegs! Warum gewährt eine solche auch die Wissenschaft nicht? — Schon weil sie keine klare, allseitig befriedigende Vorstellung von derselben hat. Man hat sie als Thatsache zwar vielseitig untersucht, auch erweisbar richtige Vorstellungen von ihren Ursachen zu gewinnen gestrebt, aber vergeblich. Ein richtiger Begriff von ihr war so nicht möglich, also weder Urtheil noch Schluß von Brauchbarkeit.

Nehmen wir ein Beispiel aus der gewöhnlichen Praxis: die blaue fleckige Milch, ein Gegenstand, der schon manche Wirthschafterin und Hausfrau ernstlich bekümmert und manchen denkenden Landwirth vielfach beschäftigt hat. Fragen wir, wie konnte man ihrem Wesen und ihren Ursachen auf die Spur kommen? — dadurch, daß man vor allen Dingen sich von ihr eine richtige Vorstellung verschaffte.

Die Botanik, meine Herren, insbesondere die Anatomie, Physiologie und Pathologie der Pflanzen, die Anatomie und Physiologie der Hausthiere, die Chemie und Physik, sie Alle wollen zuerst Ihnen richtige Vorstellungen verschaffen, Sie dann anleiten, wie Sie sich selbst dieselben verschaffen können, und zuletzt Ihnen richtige Begriffe beibringen und dies Alles zur Erkenntniß der Naturgesetze, auf welchen zuletzt die Entwickelung aller Grundsätze der gewerblichen Production beruht. Die Landwirthschaftslehre und die landwirthschaftliche Technologie, also eigentlich der Landwirth muß Schlüsse machen, beruhend auf richtigen Vorstellungen, Begriffen und Urtheilen, welche auf dem Studium solcher Wissenschaften, und auf der practischen Erfahrung, insbesondere auf Versuchen, bei welchen sich Beide vereinigen, beruhen. Der wissenschaftlich unterrichtete Landwirth muß selbst die Hülfsmittel zur Erlangung richtiger Vorstellungen und Begriffe richtig zu gebrauchen wissen. Es muß dahin kommen, daß der Landwirth selbst Untersuchungen und Versuche zu machen verstehe, welche ihm richtige Vorstellungen und Begriffe zu verschaffen geeignet sind. Das Mikroskop, der chemische Apparat u. s. w., sie müssen ihm stets zur Seite stehen, er muß sie zu handhaben wissen. Ich höre fast schon den gewöhnlichen bequemen Einwand gegen diese, ohnehin als theoretisch belächelte, Forderung oder Hoffnung. „Man hat nicht Zeit," oder „es kostet zu viel Geld," sagt man ja doch. Aber, meine Herren, dies Alles ist nicht wahr. Denn es gehört nicht gar viel, nicht mehr dazu, als sonst nutzlos vergeudet wird.

Wenn die Herren Landwirthe erst das Verständniß davon erlangt und es als nutzbringend erkannt haben werden, dann werden sie nicht nur Geld und Stoff haben, sie werden auch Zeit dazu finden. Sie werden solche Thätigkeit lieb gewinnen, ohne die Praxis zu vernachlässigen. Es werden aber auch unter den Landwirthen alsdann viel seltener solch verdrehte Urtheile und sinnlose Behauptungen vorkommen, als bisher. Es wird dann nicht mehr vorkommen, daß in landwirthschaftlichen Vereinen Dinge als zweifelhaft zur Frage kommen, worüber die Wissenschaft längst klar ist. Dann wird es nicht mehr unmöglich oder unrathsam sein, in landwirthschaftlichen Versammlungen wissenschaftliche Vorträge halten zu lassen. Das Practische wird eine sichere Kritik mit Hilfe der Wissenschaft, diese eine strenge und gerechte Richterin an der Praxis finden.

Alles kann der Mensch nicht sein; aber das muß er zu werden suchen, was ihm möglich ist zu sein! Die Wissenschaft ist nicht blos etwas Ideales, sondern etwas recht Practisches. Sie müssen schon jetzt, meine Herren, zu der Ueberzeugung gekommen sein, daß die Wissenschaft die so recht eigentliche practische Erkenntniß ist. Es giebt außer dem practischen Tacte, und dem Können nichts Practischeres als die klarste Einsicht in alle Verhältnisse. Diese ist dazu sogar geeignet, jene Eigenschaften zu erhöhen und zu vervielseitigen. Wenn Sie es hier bei Ihrem Abgange auch zu keinem andern Resultate gebracht haben mögen, als zu einer klaren Einsicht über die richtige Methode des Forschens und Wissens, so ist dies in vielen Fällen mehr werth als das Wissen selbst. Sie werden im Stande sein, Sich das Unklare aufzulösen, das Wissen anzueignen.

Die Wissenschaft will an der Hand der Grundgesetze und Grundsätze, welche sie erforscht hat, die Zweifel und die Unklarheiten beseitigen, um endlich mit deren besonnener Erkenntniß das ganze Ergebniß des Wissens auf das practische Leben zu übertragen. Sie wird aber Letzteres als die eigentliche Quelle alles positiven Wissens betrachten.

Meine Herren! Wir haben bis jetzt versucht, uns in gemeinverständlicher Weise klar zu machen, was die Wissenschaft sei. Es fehlt unter den Practikern nicht blos an einer richtigen, sondern oft überhaupt an einer Ansicht von der Wissenschaft. Nicht blos trotzdem, sondern deßwegen sprechen die Practiker fast gewöhnlich mit Verachtung von ihr. Ich sagte „trotzdem," weil, wer von einer Sache nichts versteht, auch nicht befugt, nicht befähigt ist, darüber zu urtheilen. Ich sagte aber auch „deßwegen;" denn die wegwerfenden Urtheile über die Wissenschaft beruhen oft auf verkehrter Ansicht von derselben. Gleichwohl trugen die Vertreter der Wissenschaft von ehemals an diesen mißfälligen Urtheilen der Practiker über dieselbe zum Theile selbst die Schuld. Denn nicht blos behandelten sie die Praxis verächtlich und sahen mit Hochmuth auf dieselbe herab, sondern sie verfolgten auch verkehrte Wege, trieben eine Afterweisheit statt wahrer Wissenschaft, verloren sich in Unpractisches, wenigstens in persönliche Liebhabereien, meist ohne Werth, und nahmen die Miene an, als ob sie der practischen Erfahrung für ihr Wissen, des Lebens für ihre Forschungen nicht bedürften. Mancher gab Halbwahres und Erlogenes für Wahrheit, Willkürliches für Versuchsresultate aus. Die wahre Wissenschaft verwirft ein solches Treiben, und jetzt ist es nicht mehr so. Die Männer der Wissenschaft haben dies nunmehr eingesehen. Die Wissenschaft hat sich dem Leben genähert, sie sucht das Leben zu begreifen, sie sucht für das Leben zu wirken. Dies ist die wahre Umkehr der Wissenschaft im gegenwärtigen Jahrhundert. Kein Zweig derselben, keine einzige Wissenschaft, ist von dieser neueren heilsamen Richtung in ihrem Wesen unberührt geblieben, selbst keine der s. g. abstracten oder speculativen Wissenschaften, welche sich mit dem Allgemeinsten und Höchsten beschäftigen und den Anschein haben, als hätten sie es mit dem Leben weder begreifend noch fördernd zu thun. Die Erfahrungswissenschaften fordern vor Allem von ihren Jüngern und Meistern dasjenige, was man exacte Forschung nennt, d. h. vor Allem richtige, auf genauem und sorgfältigem Beobachten und Versuchen beruhende Vorstellungen und Begriffe. Ihr größter Fortschritt besteht gerade hierin und in der Erfindung und Verbesserung der Hilfsmittel für Beobachtung, Untersuchung und Versuch. Die rationalen oder Vernunftwissenschaften wenden ihre ganze Aufmerksamkeit und Thätigkeit der Kritik der Ideen und des Begriffes zu. Mit dieser Richtung der Wissenschaften und mit den Erfolgen derselben hängt die allgemeine Vorliebe für Naturwissenschaften, Mathematik, Geschichte und Anthropologie zusammen. Die Rechts- und Staatswissenschaft fußt jetzt mehr als jemals auf Geschichte und Staatskunde, und der Unterschied zwischen der älteren s. g. practischen und der neuesten s. g. wissenschaftlichen Medicin beruht nicht darauf, daß letztere nach Theorien, die erstere nach practischer Erfahrung die Kranken heile, oder, wie Manche sagen, in's Grab befördere, sondern vielmehr darauf, daß die wissenschaftliche Schule mit allen mechanischen und chemischen Hilfsmitteln, die ihr zu Gebote stehen, die Krankheitserscheinungen und Ursachen genau erforschen will, während die practische Schule sich mit allgemein gehaltener Erfahrung und practischem Tacte begnügt, und daß also jene demgemäß eine andere Kritik der Heilmittel anwendet als diese. Daß man sich zur Zeit noch vielfältig lieber dem practischen als dem wissenschaftlichen Arzte anvertrauen mag, beruhet mehr auf unserem Mißtrauen gegen das Neue und auf unserer Gewohnheit, mehr auf dem Alter der älteren und auf der Jugend der neueren Methode, als auf einer entschieden größeren Vorzüglichkeit der Ersteren und auf einer grundsätzlichen Unrichtigkeit der Letzteren. Welche Fortschritte hat nicht die Thierarzneiwissenschaft und -Kunst in gleicher Richtung vom Aberglauben und s. g. practischer Erfahrung ausgehend bis in die neueste Zeit herein gemacht? — Sind wir gleich mißtrauisch gegen die neuere Thierheilkunst wie gegen die neue Menschenheilkunst? —

Ganz ähnliche, wenn auch nicht gleiche, Fortschritte hat die Wissenschaft von der Landwirthschaft gemacht. Aber von Albrecht Thaer an bis Liebig ist sie in Deutschland mit Mißtrauen angesehen und nur sehr langsam, so weit ihr nicht widerstanden werden konnte, aufgenommen worden. Sie hat sich Schritt für Schritt ihren Einfluß erstreiten müssen. Herrschaft hat sie bis zur Stunde noch nicht gewonnen, man liebt in der Praxis den Aberglauben und die hergebrachte Gewohnheit immer noch mehr als die Wahrheit, und will diese am wenigsten hören, wenn sie von der Wissenschaft kommt.

Meine Herren! Sie werden dies nicht in Abrede stellen können, dagegen aber fragen: Woher kommt dies jetzt noch, nachdem die Wissenschaft sich so entschieden gebessert und dem Leben genähert hat? — Es rührt von der mangelhaften Unterrichtung der landwirthschaftlichen Practiker, von ihrem Mißtrauen gegen das Neue, von ihrer Bequemlichkeit, und von der unter ihnen leider noch gar sehr verbreiteten falschen Ansicht von der Wissenschaft her.

Diese gilt noch gar oft für eine Erkenntniß, und Kenntniß, welche für das practische Leben nicht nöthig, sogar unnütz, ja schädlich sei. Weil die Wissenschaft vormals unfruchtbare Wege einschlug und gegen das Leben gleichgültig war, — weil manche Gelehrte für das practische Leben unbrauchbar waren und noch sind (wer kennt nicht solche Originale oder hat von solchen gehört?), — weil wissenschaftlich gebildete Practiker unpractisch waren, Fehler begingen, Unglück hatten, — deßwegen ist sie als Verkehrtheit angesehen. „Je gelehrter, desto verkehrter!“ Wer kennt dies Sprichwort nicht? — Diesem Irrthume sind wir schon mit der Untersuchung über das Wesen der Wissenschaft entgegen getreten. Wir wollen nun den Zweck und Nutzen derselben besprechen.

Weil die Wissenschaft oft keinen Vortheil gebracht hat, deßhalb hat man ihr überhaupt die Zweckmäßigkeit, jeden Zweck abgesprochen. Es ist aber Zweck und Vortheil derselben zu unterscheiden. Der Erstere, der Zweck derselben, kann zunächst nichts Anderes sein, als die Befriedigung des Triebes des Menschen nach Erkenntniß. Dieser Zweck wird stets mehr und mehr erreicht werden und, wenn auch der Trieb des einzelnen Menschen nach Erkenntniß nicht immer und niemals vollständig durch die Wissenschaft befriedigt wird, so bringt sie die Menschen im Allgemeinen, und so viel sie Eigenthum der Menschheit ist, dennoch der Erreichung jenes Zweckes immer näher, und schafft dadurch und dabei vielseitigen Nutzen. Welches ist der Nutzen der Wissenschaft? Es ist schon ein Nutzen, wenn ein so edler Trieb auf so edle Weise befriedigt wird, das werden Sie selbst finden wenn Sie fühlen, welche Befriedigung und Lust die gefundene Wahrheit an sich gewährt. Aber bedenken Sie, meine Herren, daß an der Hand der Wissenschaft das Selbstvertrauen und mit ihm die Thatkraft wächst. „Der Glaube kann Berge versetzen" sagt die heilige Schrift bildlich. Die Wissenschaft wagt es, sie thut es, und noch mehr, wie der erstaunte Blick auf die Werke der Gegenwart sieht, welche fast kein Hinderniß mehr kennt.

Wenn man nicht weiß, wie Etwas zusammenhängt, so geht man nicht weiter auf Thaten ein. Weiß man es aber, so ist man zur That bereit. Wie ängstigen und quälen den unwissenden Practiker die Zweifel bei allen Neuerungen! Dies rührt nur von der mangelhaften Einsicht und Unfähigkeit zur Prüfung her. Es giebt aber auch Momente im außergewöhnlichen Leben, in denen es auf solch eine Erkenntniß, auch wenn man den Muth und Tact des Practikers besitzt, ankommt. Verfolgen Sie den Führer eines Schiffes im Toben des Sturmes oder in den wechselnden Gefahren des Polar-Meeres, den Feldherrn im Gewühle der Schlacht, den Staatsmann im Kampfe mit der Rebellion oder Diplomatie! Wie giebt doch bei ihnen Allen am rechten Fleck die rechte Prüfung, Kenntniß und Ueberzeugung den Ausschlag! Sie überwältigt die Natur, die massenhafte Kriegsmacht, die schonungslose Wuth der Massen, die Täuschung, die Charlatanerie.

Was Sie in so großem Maaße hier ansehen, das können Sie im kleinsten landwirthschaftlichen Betrieb alle Tage wahrnehmen, bei den einfachsten gewöhnlichen Dingen. Welche Verkehrtheiten geschehen da jährlich, ja täglich, wiederholt! Der Acker stirbt nicht, er seufzt nicht, er bäumt sich nicht unter verkehrten Maßregeln. Aber betrachten Sie den Arzt am Bett eines Kranken, der da ächzt, sich krümmt, der da sterben kann! was giebt ihm da in dem entscheidenden Augenblicke die Kraft? da hilft nichts so, wie die wissenschaftliche Erkenntniß im Vereine mit Erfahrung. Sie gewährt Selbstvertrauen.

Unter dem Einflusse der wissenschaftlichen Erkenntniß wächst auch die sittliche Kraft des Menschen. Ein unsittlicher Character ist unvereinbar mit wahrer wissenschaftlicher Durchbildung. Bei den Einen beruht die sittliche Kraft auf dem Glauben. Rauben wir ihnen denselben nicht! Bei Andern ist es wissenschaftliche Erkenntniß, welche sie gewährt, und diese kann uns Niemand rauben.

„Ich weiß, daß mein Erlöser lebt und daß er mich erweckt am letzten Tag" läßt Haendel in seinem Messias ein christlich gläubiges Gemüth mit aller Zuversicht der menschlichen Seele singen. „Die Erde bewegt sich und nicht die Sonne" sagte Galilei im wissenschaftlichen Bewußtsein.

Was man als wissenschaftliche Wahrheit eingesehen, vergißt man nie. Schon die wissenschaftliche Methode der Forschung die man sich angewöhnt hat, die durch wissenschaftliches Studium angeeignete Gewohnheit wissenschaftlich zu denken, kräftigt den Character!

Die Wissenschaft veredelt das Gemüth des Menschen. Sie ist eine edle Beschäftigung, welche die ganze Seele erfaßt. Sie zieht vom Unedlen ab. Sie führt zur zergliedernden Betrachtung der Seelenzustände. Sie lenkt die Aufmerksamkeit auf die Mittel zur Beherrschung der bösen Leidenschaften. Sie lehrt Mäßigung und Selbstbeherrschung.

Die Wissenschaft ist nicht ein Sonderbesitz des Einzelnen, sondern ein Gemeingut der Menschheit. Auch die neueste Entdeckung derselben wird mit der Zeit, früher oder später, ein Gemeingut Aller, wenn auch nicht an sich, so doch in ihren Folgen. Sie arbeitet für alle Völker und Stände, für künftige Zeiten und Geschlechter. Zuletzt genießt ein Jeder ihre Ergebnisse unentgeltlich und denkt nicht mehr daran, daß er sie nur ihr verdankt. Das Leben wird durch sie in allen Richtungen erweitert und in zunehmender Schnelligkeit gefördert.

Wer an der Hand der Wissenschaft wirkt, wird bald begreifen, daß sie mit der Befriedigung des Triebes nach Erkenntniß zuletzt nichts Anderes erreichen will, als die Veredelung des Lebens, wie dieses selbst die vorzüglichste Quelle unseres Wissens ist. Nur Narren können das Gegentheil behaupten, und sie werden zu Schanden werden.

Je mehr die Wissenschaft das Leben veredelt und fördert, um so fruchtbarer wird dasselbe wiederum für sie. Auf dieser Gegenseitigkeit beruhet der Fortschritt der Cultur. Meine Herren! vergessen Sie nie, daß das wissenschaftliche Studium ein Studium für das Leben sein soll, und wenn Sie an der Hand der Wissenschaft Ihr eigen Leben veredeln, so veredeln Sie auch das Ihrer Mitmenschen, so sind Sie für die Menschheit nützlich, welche Sie umgiebt und welcher Sie zu dienen nicht vermeiden können. Die tägliche Erfahrung zeigt ja überall, daß durch die Wissenschaft und die auf ihr beruhenden Entdeckungen und Erfindungen das wirthschaftliche, gesellschaftliche und staatliche Leben gefördert wird. Ist es nöthig, meine Herren, daß ich Sie an die Dampfmaschine, Eisenbahn und Telegraphie erinnere? — Ich weiß gar wohl, daß gegen die Wissenschaft und ihre zeitlich und räumlich zunehmende Wirkung, gegen ihr Eindringen in alle Stände, als gegen die s. g. Aufklärung, bei manchen Leuten Abneigung und Mißtrauen besteht. Man verhöhnt sie als Professoren-Albernheit und Verdrehtheit. Die Wissenschaft gleicht in ihrer Verbreitung die Gegensätze der Stände immer mehr aus, indem sie Unterricht und Einsicht allerwärts hinbringt. Sie verwandelt den Stand der Arbeiter aus blinden, tölpelhaften, Werkzeugen in nachdenkende Wesen. Sie erzwingt so mehr Achtung vor dem Menschen in den unteren Ständen, macht aber auch deren Arbeit hervorbringender. Es kann trotzdem immerhin noch dumme, characterlose, und namentlich widersetzliche Persönlichkeiten in diesen Ständen geben. Aber diese gibt es auch ohne den Einfluß der Wissenschaft auf das Leben, und wer heute noch läugnen wollte, daß die Wissenschaft von Plato an bis heute dem Staat und der Gesellschaft, insbesondere der Volkswirthschaft, unermeßliche Vortheile gewährt hat, der würde eben so gut läugnen können, daß das tägliche Brod dem Menschen von Nutzen gewesen sei. Denn schon die Ernährung der Menschen verdankt der Wissenschaft unberechenbar vieles.

Man wirft der Wissenschaft Unfruchtbarkeit vor, am meisten dann, wenn sie sich ins Abstracte gleichsam verliert oder das Alterthum und dessen Sprachen erforscht. Allerdings kann zur Zeit ein Gedanke unfruchtbar sein, doch es wird schon die Zeit kommen, wo er fruchtbar und nützlich wird. Auch die Naturwissenschaft bietet hiervon viele Beispiele. Anstatt vieler nur Eins! Aus den anscheinend unfruchtbaren Entdeckungen, daß Drahtgeflechte von 400—900 Maschen auf den Quadrat-Zoll das Kohlenwasserstoffgas von der Flamme eines Lichtes abhalten, und daß Platindraht im Kohlenwasserstoffgase glühend wird, ist die Erfindung der Davy'schen Sicherheitslampe entstanden, welche schon Tausenden von Menschen das Leben erhalten und den Bergbau in mit explodirenden Gasen unsicher gemachten Gruben möglich gemacht hat.

Indessen, man hat oft noch eine andere Besorgniß vor der Wissenschaft — bald vor der Philosophie und Naturwissenschaft wegen der Religion, bald vor der Politik wegen des bestehenden Staats. Allerdings! Die Richtung einer Wissenschaft kann zur Zeit bedenklich sein. Allein ich halte stets fest, daß das Schädliche entweder sofort bekämpft oder alsbald ausgeschieden wird. Ja es lehren alle Zeiten, daß sogar das Schädliche nothwendig oder nützlich ist, indem es eine Kritik veranlaßt, welche das Wahre findet und dem Nützlichen den Sieg verschafft. Kaum hatte sich in den jüngst vergangenen Jahren eine einseitige Richtung in der Naturwissenschaft vermessen, das geistige Leben des Menschen auf rein physische Kräfte zurückzuführen, als auch sofort die ganze andere Richtung in der Naturwissenschaft, die Philosophie und Religionslehre sich zur Bekämpfung jener Einseitigkeit erhoben und deren Afterweisheit widerlegten.

Meine Herren! Lassen Sie sich daher nicht abschrecken von dem wissenschaftlichen Studium! Widmen Sie sich demselben mit Ihrer ganzen Fähigkeit und Hingebung! Betreten Sie mit Vertrauen deren geheimnißvolles Gebiet! Dringen Sie immer tiefer ein in dasselbe! Aber thun Sie es nicht träumerisch, und bleiben Sie nicht auf halbem Wege stehen! Halbes Wissen ist schädlich, schädlicher als Unwissenheit. Denn es macht hochmüthig und linkisch, schwankend und unbesonnen, es beunruhigt das Gemüth, und ist ganz dazu geeignet, unglücklich zu machen. — Ich schließe.

Zweite Vorlesung.

Vorbedingungen des wissenschaftlichen Studiums.

Meine Herren! Am Schlusse der gestrigen Vorlesung warnte ich Sie vor Halbwisserei. Die Halbwisserei kann herrühren nicht blos von mangelhaftem Studium der Wissenschaft, sondern auch schon von unvollständiger Erfüllung der Vorbedingungen desselben. Um die Wissenschaft oder auch nur Eine der Wissenschaften mit Erfolg zu studiren, gehört: daß man für den Inhalt und die Methode derselben empfänglich und vorbereitet sei, daß man die wirthschaftlichen Mittel zum Betriebe des Studiums besitze, und daß man Studienanstalten besuche.

Mit der Erwägung dieser drei Vorbedingungen wollen wir uns nun zunächst beschäftigen.

Was ist erforderlich, damit man für den Inhalt und die Methode einer Wissenschaft empfänglich und vorbereitet sei? — Meine Herren! Diese Frage und die Antwort darauf ist gegenüber der für die Landwirthschaft bestimmten jungen Welt unserer Zeit eine delicate. Denn sie führt schließlich zu dem Ergebnisse, daß ein sehr großer Theil derselben zum wissenschaftlichen Studium nicht genügend vorbereitet oder befähigt ist. Der einzige oder älteste Sohn des Hauses muß oft das väterliche Gut übernehmen, ohne Rücksicht auf geistige Befähigung. Oder von zwei Söhnen ist der Eine talentvoll, der Andere nicht, Jener wird sich im Leben durcharbeiten, Diesem wird mit dem elterlichen Gute eine Existenz gesichert. Ein anderer Vater hat zwar kein Gut, aber einen Sohn, der an körperlichen oder geistigen oder sittlichen Schwächen leidet, deßwegen die Schulbildung unterbrechen, unvollendet lassen mußte, und darum Landwirth werden soll. Sonst hieß es: „Zuletzt Soldat,“ jetzt denkt man oft: „Zuletzt Landwirth,“ wenn alle Versuche scheiterten. Eben so verbreitet aber, wie diese Uebel, ist die bedauerliche Erscheinung, daß Söhne, eben weil sie zur Landwirthschaft bestimmt sind, aus den unteren oder mittleren oder höheren Klassen des Gymnasiums oder der Realschule herausgenommen werden, in dem eingerosteten Wahne, daß eine höhere oder die vollendete Schulbildung nicht erforderlich sei. Von solchen Arten sind viele unter denjenigen, welche dann später, auch erst nach längerer practischer Beschäftigung mit der Landwirthschaft und nachdem sie die practischeu Vorurtheile gründlich eingesogen haben, höhere landwirthschaftliche Lehranstalten zur „theoretischen“ Ausbildung oder auch nur zur Bekanntmachung mit der „Theorie“ besuchen. Und wenn die „Theorie“ nichts fruchtet, oder sogar schadet, so ist es die Wissenschaft oder die Anstalt, welche die Schuld tragen soll. Meine Herren! Diese Wahrheit ist traurig, bitter, aber sie muß gesagt werden, zum Schutze der Anstalten, der Lehrer, — der Schüler. Eine Hauptwirkung der so oft geschmäheten höheren landwirthschaftlichen Lehranstalten erwarte ich für die Zukunft darin, daß es ihre Schüler als einstige Väter besser machen werden, als ihre Väter gethan, und daß die wissenschaftliche Bildung der höheren landwirthschaftlichen Klassen nach 30—50 Jahren erst ihre allgemeinen Früchte für's Land und Volk tragen werde.

Sie fragen, meine Herren, welche Vorbereitung und persönliche Eigenschaften ich denn nun zum wissenschaftlichen Studium der Landwirthschaft fordere. Ich antworte Ihnen:

I. Talent und Trieb zum wissenschaftlichen Studium. Wer diese nicht besitzt, thut besser daran, Zeit und Geld für wissenschaftliches Studium zu sparen. Der Trieb kann mittelst Fleißes wohl einigermaßen das Talent, großes Talent auch einigermaßen den Fleiß ersetzen. Aber wo Beide fehlen, ist wissenschaftliches Studium unmöglich. Erfolglose Quälerei und endliches Erlahmen sind die geringeren, Eckel am Studium und zur Sittenlosigkeit führende Zerstreuung und Vergnügungssucht nicht gar selten weit schlimmere Uebel, welche sich einstellen.

II. Sittliche und religiöse Erziehung. Auf dieser fußt die sittliche Kraft der Selbstüberwindung, ohne welche das wissenschaftliche Studium unmöglich ist. Ich weiß nicht, was in dieser Hinsicht schlimmer sein mag, das gewohnte weichliche Leben im vornehmen reichen elterlichen Hause oder die Wirkungen der Schwachheiten einer mütterlichen Zärtlichkeit oder die Blindheit der Eltern hinsichtlich eines versteckten sittenlosen Lebenswandels oder der launenhafte Wechsel zwischen väterlicher vertrauensvoller Weichlichkeit und unnatürlicher Strenge. Aber, wo diese die Erziehung des jungen Mannes geleitet haben, ist die Mühe, wissenschaftlichen Sinn zu erwecken, vergeblich. Eine durch Jugendlaster entnervte Seele ist der Selbstbeherrschung am allerwenigsten fähig. Am schlimmsten ist es für eine Lehranstalt, wenn ihr zugemuthet wird, nachzuholen, was versäumt, zu verbessern, was verdorben ist. Eine Besserungsanstalt für sittlich Verwahrloste höherer Stände vermag sie auf keinen Fall zu sein, aber das Leben ihrer Schüler ist der Gefahr der Ansteckung durch solche Schwächlinge oder Wüstlinge ausgesetzt.

III. Körperliche Gesundheit. Es ist wahr, was schon die Alten sagten, daß in einem kranken Leibe kein gesunder Geist hausen könne. Beruhet auch die Seelenthätigkeit nicht lediglich auf der Function leiblicher Organe, so ist doch gewiß, daß diese von jener stark in Anspruch genommen werden, und daß Mängel und Störungen im Nervensystem, im Blutumlaufe, in der Verbauung und Ausscheidung das Geistes- und Gemüthsleben schwächen und hemmen. Ebenso steht durch Erfahrung fest, daß die Geistesanstrengung überhaupt und die mit dem wissenschaftlichen Studium verbundene Lebensweise den leiblichen Organismus stark in Anspruch nimmt. Es gehört zu den Verkehrtheiten unserer Zeit, daß man schwächliche und kränkliche Jünglinge zum Studium bestimmt. Die Gesundheit, welche die landwirthschaftliche Beschäftigung theils fordert theils fördert, ist ein Vorzug, dessen sich die Studirenden der Landwirthschaft in der Mehrzahl erfreuen.

IV. Fleiß und Beharrlichkeit. Das aus dem Lateinischen entnommene Wort „Studium" heißt an sich nichts anders als beharrlicher Eifer. Also hat der Sprachgebrauch, mithin der Verstand der modernen Völker bereits anerkannt, daß Fleiß und Beharrlichkeit zum wissenschaftlichen Lernen nothwendig sei. Dem gegenüber verschwindet die Nothwendigkeit besonderen Beweises. Allein Fleiß und Beharrlichkeit folgt aus dem ächten Triebe zur Wissenschaft und ist überall im Leben von unschätzbarem Werthe. Der große römische Redner Cicero sagt in seinem Werke vom Redner: „Der Fleiß vermag in allen Dingen überaus viel, wir müssen ihn vorzugsweise pflegen und immer anwenden, es gibt nichts, was er nicht erreichen könnte." *)

V. Gewisse Vorkenntnisse. Die wissenschaftliche Erkenntniß ist die vollendetste, welche der Mensch jeweilig erreichen kann. Jede höhere Erkenntnißstufe setzt das Ersteigen der nächst niedrigeren voraus. Denn nur stufenweise gelangt der Mensch zur Einsicht. Dies haben Sie, meine Herren, von Ihrer Kindheit an wahrgenommen, bei sich und Anderen. Ein Rückblick auf Ihren Schulunterricht von der Elementarschule an zeigt Ihnen

*) Zusatz: diligentia .... omnibus in rebus plurimum valet, haec praecipue colenda est nobis, haec semper adhibenda, haec nihil est quod non assequatur. Cicero de orat. 2, 35, 148.

dieses stufenweise Fortschreiten. Zweierlei ist es, was jede höhere Stufe des Lebens, also auch die Stufe des wissenschaftlichen Studiums, voraussetzt, nämlich ein gewisses Maaß von geistiger Uebung oder Reife, und eine gewisse Summe von Vorkenntnissen, an und während deren Aneignung jene Uebung oder Reife gewonnen worden ist. Beide vereint zu gewähren, ist die Aufgabe des höheren Schulunterrichts. Um es kurz zusammen zu fassen, was das wissenschaftliche Studium in dieser Hinsicht voraussetzt, sage ich Ihnen Folgendes.

Es sind diejenigen vorbereitenden Kenntnisse nöthig, an deren Hand der menschliche Geist zur Fähigkeit herangebildet ist, Wissenschaftliches zu begreifen. Der Geist muß also dazu in Stoff und Art der Thätigkeit, d. h. materiell und formell vorgebildet sein. Nicht der Zufall oder die Laune, sondern dieser Zweck, die Erfahrung und das Nachdenken hat die Gegenstände des höheren Schulunterrichts seit Jahrhunderten bestimmt. Sie sind folgende:

1. Das Studium der Sprachen.

Sprechen ist nichts Anderes, als laut denken. Wer nicht still richtig denken kann, kann es auch nicht laut. Die Sprachlehre ist Denklehre, und als solche um so bildender für die Schärfe des Verstandes, je vollkommener und folgerichtiger die Sprache ist. Mit dem Wort- und Satzbaue zergliedert sie Begriff, Urtheil und Schluß, und zwar auf eine dem jugendlichen Denkvermögen entsprechende Weise. Das Verständniß einer Sprache erschließt uns die Kenntniß der Literatur, der Kunst, des häuslichen, wirthschaftlichen, gesellschaftlichen, staatlichen und religiösen Lebens desjenigen Volkes, welches jene Sprache gesprochen hat oder spricht. Aus diesen Gründen ist das Studium der alten Sprachen von der vorzüglichsten Wichtigkeit. Die neueren Sprachen sind von näher liegendem Gebrauchswerthe. Keine derselben bietet aber, was der Sprachunterricht bezweckt, so reichlich, wie jene. Darauf beruhet der Eifer, womit neuerdings die noch älteren als die altgriechische und altrömische Sprachen erforscht werden, und warum sich an das Sanskrit und andere älteste Sprachstämme das allgemeine vergleichende Sprachstudium angeschlossen hat. Verfolgt man die Sprache vergleichend, so ist sie nichts Anders, als die natürliche Logik und die Stufenfolge der steigenden Cultur des menschlichen Geistes. Wie sollte sonst ein so hoher Geist, wie Wilhelm von Humboldt, der große patriotische Staatsmann, an diesem Studium seine größte Befriedigung gewonnen haben, er, der Einer der ersten Sprachforscher und Culturhistoriker aller Zeiten geworden ist? — Ein Sprachforscher im Gebiete der alten Sprachen eröffnet der Mit- und Nachwelt, und insbesondere seinen Schülern eine Quelle der reichsten Erkenntniß vergangener Zeiten. Oder sollte Jemand nach Lesung des unsterblichen Werks von Böckh über die Staatshaushaltung des alten Athen oder der universalhistorischen Uebersicht der Geschichte der alten Welt von Schlosser hieran noch zu zweifeln wagen? — Die ganze Kenntniß des Alterthums und unseres Mittelalters ist nur durch das subtileste Studium der alten Sprachen möglich geworden. Wie kleinlich und kurzsichtig ist hiernach die Ansicht derjenigen, welche da meinen „Griechisch und Lateinisch" sei nur nöthig zur Erklärung technischer Ausdrücke in den Wissenschaften, und sonst höchstens nur noch als einige Erleichterung für neuere Sprachen. Wenn Sie daher in mir einen Vertheidiger des Studiums der alten Sprachen finden, so wundern Sie sich nicht! denn ich muß es als Quelle der Bildung des menschlichen Geistes in allem Wissen betrachten. Was aber insbesondere die Landwirthschaft anbelangt, so ist gewiß, wir würden, wären die Landwirthe der altrömischen, ich will sagen lateinischen Sprache genügend kundig, an den römischen Schriftstellern über Landwirthschaft eine wahre Schatzkammer landwirthschaftlichen Wissens besitzen. Bis zu dieser Stunde sind die Kenntnisse und Erfahrungen der Römer in der Landwirthschaft verlorene Schätze! Ich mache Sie absichtlich gerade hierauf aufmerksam, um besonders den Herren Landwirthen ihre eigene Schwäche vor Augen zu halten, wenn sie, wie man so oft hören muß, sagen: „Wir brauchen die Latinität nicht!“ Sie sind selbst klug genug und bedürfen der Weisheit der Römer nicht?! Aber, sind sie der neueren Sprachen, wenigstens der französischen und englischen, so mächtig, daß sie die reichen Untersuchungen eines Boussingault und die großen Schätze der englischen Literatur der Landwirthschaft aus den Quellen schöpfen könnten? — Ich bezweifle es vom größten Theile. Doch genug hiervon! — Ferner sind zur Vorbereitung des jugendlichen Geistes für das wissenschaftliche Studium von besonderem Werthe:

2. Die mathematischen Kenntnisse.

Wer für scharfe Begriffe keinen Sinn hat, wird nie etwas Mathematisches erkennen. Mathematik ist aber die kürzeste und strengste Verstandesübung. In keiner Wissenschaft lernt sich Begriff, Urtheil und Schluß so unerbittlich wie in der Mathematik. In ihr beruhet alles auf Beweis, Uebung in ihr macht das Bedürfniß des Beweises zur anderen Natur. Ihre Formen sind die kürzesten, sie werden zur Formel. Daher bringen sie in viele andere Wissenschaften ein, und diese bedienen sich der Gleichung zum Begreiflichmachen ihrer Sätze. Aber die Mathematik gewährt in sich unermeßlich viele Vorkenntnisse für Wissenschaft und Leben, an deren leichten Gebrauch man gewöhnt sein muß, wenn man im Forschen und Erkennen nicht überall auf Hindernisse stoßen soll. Eine größere Gewißheit als die mathematische giebt es nicht. Es giebt daher keine so schwer fühlbare Unsicherheit als die in der Handhabung mathematischer Kenntnisse, sie erzeugt wissenschaftliche Unbeholfenheit.

3. Ein drittes unentbehrliches Glied der Vorkenntnisse zum wissenschaftlichen Studium sind die naturwissenschaftlichen. Die Naturwissenschaften sind die Schule der Beobachtung, der

Uebung in der Aneignung richtiger Vorstellungen, Körper und Erscheinungen beschäftigen und schärfen die Sinne, ohne die freie Selbstauffassung zu beschränken. Die Naturwissenschaften gewöhnen überall an Methode. Keine Wissenschaft übertrifft sie an Lebendigkeit. Die Naturgeschichte zwingt zur Systematik, denn nirgend ist es nöthiger, in das Manchfaltige feste Ordnung und Gliederung zu bringen, als in ihr. Die Physik nöthigt zum Forschen nach Naturgesetzen, und umgekehrt zur Erklärung von Erscheinungen an der Hand der Gesetze.

4. Endlich werden Vorkenntnisse in Geschichte und Geographie vorausgesetzt. Die Uebung des Gedächtnisses, Gewöhnung an Wahrhaftigkeit, Achtung vor der Tugend, Abscheu vor dem Laster, die Erkenntniß über die Bedeutung der Natur für die Entwickelung des Menschenlebens, die Erlangung von Lebensklugheit, die Einsicht über Entwickelung und Verfall der Cultur der Völker, die Stärkung des Vertrauens auf das Walten der Vorsehung und die nachhaltige Kraft des menschlichen Geistes, die Kräftigung der Vaterlandsliebe, und die Ueberzeugung von der Gegenseitigkeit zwischen Wissenschaft und Leben erfordern sie gleichmäßig. Cicero nennt die Geschichte in seiner Schrift vom Redner „die Zeugin der Zeiten, das Licht der Wahrheit, das Leben des Gedächtnisses, die Lehrerin für's Leben, und die Botin der Vergangenheit." *)

Aber wo lernt man diese Vorkenntnisse am zweckmäßigsten? — In neuester Zeit hat man neben den Gymnasien auch Realschulen errichtet, in welchen vorzüglich für das wissenschaftliche Studium in den Gewerbslehren vorbereitet werden soll. Ich bezweifle, daß dies auf Realschulen so vollständig, wie mittelst des Gymnasial-Unterrichts in ruhiger und stetiger Entwickelung, geschehen kann, beiderlei Anstalten als gut vorausgesetzt. Ueber

*) Nachtrag: Historia vero testis temporum, lux veritatis, vita memoriae, magistra vitae, nuntia vetustatis. Cicero de orat. 2, 9, 36.

Aufgabe und Lehrplan der Realschule ist man noch lange nicht im Reinen. Ich will den Nutzen der Realschule nicht läugnen, aber er liegt mehr in der geschaffenen Manchfaltigkeit der Schulanstalten ähnlicher Richtung, als im Vorzuge des Realismus vor dem s. g. Humanismus. Ich würde gerne erfahren, ob diejenigen unter Ihnen, welche von einer Realschule abgegangen sind, in Ihrer Vorbereitung für Ihr Studium hier nicht eine Lücke fühlen werden. Wir befinden uns überhaupt hinsichtlich der Frage über Humanismus und Realismus zur Zeit in einer Krisis und noch lange läßt sich nicht absehen, wie sie sich entwickeln wird. Aber mag der Studirende auf der Realschule oder auf dem Gymnasium vorgebildet sein, immer ist dasjenige nöthig, was man Reife nennt und soll ich unsern höheren landwirthschaftlichen Anstalten einen Vorwurf machen, so ist es der, daß man den Grad der Reife als Vorbildung für sie nicht verlangt. Aber auch dies wird kommen, denn es thut Noth und gerade die Uebelstände mangelhafter Vorbildung der Studirenden sind es, mit denen die Anstalten vorzüglich zu kämpfen haben.

Doch endlich, welches Erforderniß auch vorausgesetzt oder erfüllt werden möge: wer an das wissenschaftliche Studium geht, der muß mit der Ueberzeugung daran gehen, daß er aus dem Leben schöpfen und für das Leben wissen lernen soll. Man lehrt an wissenschaftlichen Lehranstalten die Wissenschaft nicht für Provinzen oder Oertlichkeiten, in denen der Schüler dereinst zu wirken haben mag, sondern für das Leben überhaupt, so manchfaltig es sich gestaltet. Wer mit Talent, Fleiß, Beharrlichkeit und vollständiger Vorbereitung sein wissenschaftliches Studium zweckmäßig und concentrirt durchgemacht hat, ist zwar noch weit entfernt „fertig“ zu sein, aber er muß vorbereitet sein, sich in seinem Wirkungskreise selbstdenkend und selbstbewußt zurecht zu finden. Er hat nicht z. B. die schlesische oder die pommersche Landwirthschaftswissenschaft, sondern überhaupt die Wissenschaft von der

Landwirthschaft dergestalt sich angeeignet, daß er wissen wird, wie er seine Wirthschaft einzurichten und zu betreiben habe, wo er auch sei, und wie es dort sei. Er wird es wissen an der Hand der Wissenschaft, mit Hilfe theils seiner Kenntnisse theils und vorzüglich der angeeigneten wissenschaftlichen Methode des Beobachtens und Begreifens in seiner Gesetzmäßigkeit. Dies halte ich für die Spitze, für die Summe des wissenschaftlichen Studiums der Landwirthschaft.

Meine Herren! Beherzigen Sie wohl, was ich Ihnen aus der ganzen Tiefe meiner Ueberzeugung über die persönlichen Erfordernisse des wissenschaftlichen Studiums gesagt habe, und holen Sie nach, was bei Ihnen in der Hinsicht etwa versäumt ist. Noch ist es Zeit, noch ist es möglich. Ich habe an Jedem von Ihnen persönlich wahrgenommen, daß Sie noch bildsam sind.

Ich wende mich jetzt zum zweiten Haupterfordernisse wissenschaftlichen Studiums. Dies sind die wirthschaftlichen, oder wie man gewöhnlich zu sagen pflegt, die materiellen Mittel. Ich will mich mit dem Streit, ob Armuth ein Hinderniß und ob Reichthum ein vorzügliches Förderungsmittel sei, nicht beschäftigen. Denn die Erfahrung hat oft genug gezeigt, daß Erstere kein Hinderniß sei, Letzterer es aber oft werde. Es ist selten in der Welt dagewesen, daß ein reicher junger Mann es weit in der Wissenschaft gebracht hat. Es ist aber gar keine seltene Erscheinung daß ein mittelloser junger Mann sich zu einer bedeutenden Höhe in der wissenschaftlichen Welt aufgeschwungen hat. Aechtem Trieb zur Wissenschaft wird es leichter, die Hindernisse der Unbemitteltheit mit sittlicher Kraft zu überwinden, als es dem Reichen wird, die Kruste der Vorurtheile des Reichthums und der Vornehmheit zu durchbrechen, unter welcher die Selbstüberwindung erlahmt ist. Gleichwohl findet die Scheu vor wissenschaftlichem Studium eine bereitwillige Stütze an der Furcht vor den Kosten. Es ist wahr, der Studirende muß während des Studiums auch Kleidung, Nahrung, Hausrath und Wohnung, auch Vergnügen haben; er braucht Bücher, Sammlungen, Apparate, Stoffe, und muß Lehrgeld geben. Dies wird den Vätern um so eher zu viel, nicht etwa blos je weniger sie besitzen und je größer ihre Familie ist, sondern auch je weniger sie vom Werthe wissenschaftlicher Bildung halten. Der Sohn, welcher in den Staatsdienst treten oder die Staatsprüfung bestehen soll, muß der Vorschrift gemäß studiren, und es geschieht oft genug ohne Mittel, mit Unbedachtsamkeit. Aber im Hintergrunde leuchtet die Staatsanstellung. Anders, wenn der Sohn für das practische Leben, z. B. Landwirthschaft, studiren will oder soll, da werden die Ausgaben viel sorgfältiger erwogen, selbst als die mögliche Beschränkung der unnöthigen, aber gewohnten Lebensweise und Ausgaben des Vaters. Und hat der Sohn endlich die Studienanstalt bezogen, so versteht er es leicht, dem Vater darzulegen, daß es an derselben weit theurer sei, als man sich gedacht habe, er hütet sich aber wohl, seine unnützen Ausgaben zu specificiren, und eine Lebensweise zu bekennen, die mit dem Zwecke des wissenschaftlichen Studiums schlecht übereinstimmt. Der Ruf der Anstalt muß büßen, was Vater und Sohn verschuldet haben. Meine Herren! Dies nenne ich Ungerechtigkeit und Lüge. Es fehlt nur noch, daß man der Anstalt zum Vorwurfe mache, daß der Studirende auf ihr auch Nahrung, Kleidung, Wohnung und Hausrath haben müsse, als ob er deren sonst nicht auch bedürfte. Bisher hat er sie im väterlichen Hause in natura bezogen, fortan müssen diese Bedürfnisse in Geld gewährt werden. Sie kommen so in der Fremde wohl theurer zu stehen, hauptsächlich aber ist die Form der Lieferung unbequem. Der Sohn hat sich seinen Lebensunterhalt in letzterer Zeit aber zu Hause oder im fremden Dienste selbst erworben, und vielleicht noch eine Besoldung dazu. Allein, um so weniger ist die Ausgabe für das nachfolgende Studium anzuschlagen, und Mancher hat sich von der Besoldung dazu erspart. Warum hat es der Andere nicht auch gethan? — Dieser Andere mag sein Gewissen erforschen, aber nicht die Studienanstalt anklagen.

Neu, ganz neu, sind die Ausgaben für literarische Hilfsmittel, aber sie sind bei richtigem wissenschaftlichen Studium einer Kapitalvorauslage vergleichbar, die durch späteren Ertrag reichlich verzinst und ersetzt wird. Meine Herren! Wenn Sie bei diesen Ausgaben mit Umsicht verfahren, können Sie dieselben sehr beschränken. Hüten Sie sich vor der Sucht, literarische Hilfsmittel in Menge anzuschaffen! Sie bleiben leicht ein gegenständlicher nutzloser Besitz, neben welchem die Persönlichkeit leer aus- und eingeht. Schaffen Sie davon nur in dem Maaße an, als Sie vollständig benutzen können. Büchereitelkeit ist sehr theuer! Aber seien Sie in diesem Punkte auch nicht geizig, der Geiz bestraft sich nur selbst am meisten. Des Guten zu viel wird schlecht, und bringt leicht des Schlechten noch mehr. Des Guten zu wenig ist Nachlässigkeit, die sich am Geizigen selbst rächt.

Die wissenschaftlichen Lehranstalten besitzen Bibliotheken, welche der Studirende benutzen kann. Freilich nicht um Compendien daraus zu entleihen. Denn wie viele müßte sie besitzen, um Allen zu geben? Es ist die Erfahrung an einer Universität gemacht worden, daß, so lange ein gewisser Professor an ihr wirksam war, 6, ja 8 bis 10 Exemplare seines Lehrbuchs, welche wirklich in ihrer Bibliothek gehalten wurden, so zerlesen waren, wie beliebte Romane einer Leihbibliothek, und sobald dieser Professor das Auge zugethan, kamen die Bücher zurück und Keiner frug mehr danach. Ich will mit dieser characteristischen Anekdote nur andeuten, wozu Bibliotheken mißbraucht werden können und mit welchen leidigen äußeren Nützlichkeitsmotiven die Gelesenheit mancher Bücher an Lehranstalten oft zusammenhängt. Lehr- und wichtige Handbücher muß sich der Studirende selbst anschaffen. Zum weiteren Fortschreiten, als diese ermöglichen, diene ihm die Literatur der academischen Bibliothek, und die der Privatbibliotheken der Lehrer. Er schaffe sich auf der Academie nur, aber auch vollständig, die Schriften an, deren er auf derselben stets bedarf. Was davon wirklich allgemeinen Werth hat, wird auch noch später Werth behalten. Erst weiter fortgesetztes Studium fordert mehr. So wächst allmälig eine Privatbibliothek heran, die man schon gelesen hat, ehe das einzelne Buch auf das Bücherbrett kam. Man merkt die Ausgabe kaum. Der Gedanke, eine vollständige Bibliothek besitzen zu wollen, entspringt meist aus Eitelkeit und ist nur bei sehr reichen Leuten zu verwirklichen. Dies ist vielmehr Aufgabe öffentlicher Bibliotheken, insbesondere jener an wissenschaftlichen Lehranstalten. Denn diese haben den Zweck:

1) Den Lehrern und Gelehrten diejenigen Hilfsmittel darzubieten, welche ihrer Natur nach aus Privatmitteln nicht leicht anzuschaffen sind.
2) Eine fortlaufende thatsächliche Darstellung darüber zu geben, wie die Literatur in den Wissenschaften fortschreitet.
3) Die literarischen Hilfsmittel so vollständig zu sammeln, daß sie stets eine reiche Quelle zu wissenschaftlichen Arbeiten bieten.
4) Der studirenden Welt diejenigen wissenschaftlich literarischen Mittel darzubieten, welche zu einer umsichtigen, weiter eingreifenden, Lectüre während des Studiums nothwendig sind.

Sammlungen naturgeschichtlicher Art legen Sie nur insoweit an, als Sie sie selbst machen! Beim Kaufen derselben ist das einzig Sichere die Ausgabe, das Wahrscheinliche die Nichtbenutzung und Verderbniß. Bei dem Selbstsammeln, Einlegen, Ordnen u. s. w. studiren Sie zugleich. Im Gebiete dieser Sammlungen muß die Lehranstalt alles leisten, was zum Unterrichte erforderlich ist. Und dies ist das Wenigste.

Noch mehr ist dies mit Sammlungen von Apparaten, Modellen, Geräthen, Maschinen, mit physiologischen, anatomischen, physicalischen Kabinetten, chemischen Laboratorien und dergl. der

Fall. Aber ich kann Sie nicht genug darauf aufmerksam machen, welchen großen Werth es für das Studium hat, daß man sich Modelle und Apparate selbst konstruire. Man lernt dabei überaus viel und übt eine Fertigkeit, die Einem im Leben große Freude und vielen Nutzen gewährt.

Man wird kaum eine öffentliche Lehranstalt finden, welche in allen diesen Punkten vollständig befriedigt, und am schlimmsten ist es, wenn dieselben sehr karg zugemessene Fonds haben. Wir müssen uns, so sehr wir es auch zu beklagen Ursache haben mögen, in diesem Punkt bei der Beschränkung bescheiden, welche die gegebenen Verhältnisse mit sich bringen. Aber den Gedanken können wir nicht von der Hand weisen, daß es besser für den Staat ist, wenigere wissenschaftliche Lehranstalten ganz vollkommen mit Fonds und Lehrmitteln versehen zu besitzen, als viele in ungenügender Ausstattung.

Oft wird die Klage gehört, daß aus öffentlichen Mitteln nicht genug geschehe, um das wissenschaftliche Studium wohlfeiler zu machen. Allein sie ist ungerecht. In manchen Ländern ist die Sorge hierfür ganz der Gesellschaft überlassen, die durch Genossenschaften und Stiftungen dafür wirkt. Bei uns erachtet es der Staat für eine seiner ersten Pflichten, und Gemeinden und Stiftungen thun überaus viel dafür. Wer wissenschaftliche Bildung erlangen will, kann sie nicht umsonst verlangen. Gleichwohl wird sie Allen sehr wohlfeil und Unbemittelten nebst Unterstützung geboten.

Meine Herren! Sie bringen durch Honorare etwa $1/5 - 1/4$ der jährlichen Kosten der Academie, das Uebrige die Universität und der Staat auf, welche auch noch Einrichtungskosten bezahlt haben. Wenn Sie den Unterricht an der Academie unentgeltlich genössen, so würden Sie im Cursus von zwei Jahren halbjährlich 27 Thaler sparen. Dies ist die ganze Summe, um welche es sich handeln könnte.

Uebrigens käme es auf den einfachen Versuch an, ob Sie billiger zum Ziele des wissenschaftlichen Studiums kämen, wenn Sie, anstatt eine Lehranstalt zu besuchen, Ihr Studium allein, auf dem s. g. autodidaktischen Wege, durch Lesen von Büchern machten.

Hiermit bin ich an dem dritten Haupthilfsmittel des wissenschaftlichen Studiums, bei den Studien- oder Lehranstalten angelangt, mit deren Betrachtung ich Sie noch kurze Zeit in Anspruch nehmen will.

Bei der Autodidaktik würden Sie der Hilfe der Demonstrationen, der Anleitung zu Uebungen, der großen Sammlungen, der Apparate und Stoffe zu Experimenten, der Versuche, und dergleichen entbehren. Sie würden aber auch Schritt für Schritt das Bedürfniß der persönlichen Anleitung überhaupt, und schon jener zur richtigen Auswahl der zu studirenden Schriften insbesondere sehr störend empfinden.

Die Ansicht: Jeder könne durch sich selbst genug lernen, ist unbedingt nicht wahr. Dies ergiebt sich schon aus dem so eben Gesagten. Aber auch die Geschichte des Unterrichtswesens beweist es. Denn Lehranstalten sind von jeher besucht gewesen und werden besucht, und wenn man ihrer nicht bedürfte, so würden Alle längst eingegangen sein. Worin liegt es denn aber, daß das Letztere den Vorzug hat? — Es liegt nicht blos in der Ansammlung und Vereinigung zahlreicher gegenständlicher Lehrmittel, sondern auch und noch mehr darin, daß die lebendige Lehre von Mund zu Ohr, von Auge zu Auge, viel eindringlicher ist als die todte Lehre des Studiums aus Büchern. — Es liegt ferner in der Vereinigung der verschiedensten Kräfte an einer Lehranstalt, in der Verhütung von Verirrungen, Verwirrung und Einseitigkeit, in der Nöthigung zur Bescheidenheit, in der gleichzeitigen Anhörung und Vergleichung verschiedener Ansichten, in der persönlichen Anregung durch die verschiedenen Lehrer, und darin, daß man so in viel kürzerer Zeit und mit wenigeren Mitteln ein wissenschaftliches Studium auf Lehranstalten vollenden kann als sonst, sowie darin daß durch das Zusammenleben junger Männer eine Gegenseitigkeit und Anregung entsteht, von welcher der Autodidakt nie Etwas empfindet.

Daher ist es auch ganz natürlich, daß Letzterer fast stets eine bedauerliche Einbildung, unvollständiges Wissen, eine Unumgänglichkeit, Einseitigkeit und Abgeschlossenheit verräth. Sie erkennen es also wohl, meine Herren! die öffentliche Anstalt wirkt besser als das autodidaktische Wesen, nicht blos durch die Lehrmittel und Lehrer, sondern auch durch die Lernenden, sie wird also immer ein vorzügliches, wissenschaftliches Bildungsmittel bleiben. Aber welche hat man zu wählen?

Sie haben nun freilich bereits eine Anstalt gewählt und es könnte als unnöthig erscheinen, die bei der Wahl erforderlichen Rücksichten in Erwägung zu ziehen. Doch es mag geschehen, damit Sie sich selbst genauere Rechenschaft darüber geben können, und für künftige Wahl.

Zunächst ist es der Ruf der ganzen Anstalt in wissenschaftlicher wie sittlicher Hinsicht, auf welchen viel ankommt. Anstalten, an welchen ein ungeordnetes, ungesittetes, oder unsittliches Leben besteht, sind unbedingt zu vermeiden. Der Schwache, selbst auch der Gute wird verführt, der Characterstarke im Studium gestört.

Von Wichtigkeit ist weiter der Ruf der Vorstände, nicht blos des Directors, sondern auch der Verwaltungsbeamten, Letzterer namentlich dann, wenn mit der Anstalt auch Wirthschafts-Einrichtungen z. B. Gutswirthschaften, Versuchsfelder, Fabriken und dergleichen verbunden sind. Wissenschaftliche Bildung und practischer Tact sind wesentliche Eigenschaften derselben. Der Director insbesondere muß ein Mann von festem, aber humanem Character, von allgemeiner, wissenschaftlicher und gründlicher Fachbildung, eingeübter Verwaltungsbeamter, und ein begabter academischer Lehrer sein.

Von großer Wichtigkeit ist aber der Ruf einzelner Lehrer oder Gelehrten der Anstalt. Dabei ist nicht blos der Ruf als Schriftsteller entscheidend, denn der beste Schriftsteller kann doch immer noch ein schlechter Lehrer sein.

Man darf sich aber nicht blenden lassen durch einen glänzenden Vortrag, denn hierhinter sitzt oft Hohlheit, Eitelkeit und persönliche Faulheit der Lehrer, ein Dunst, welcher gar schnell verfliegt.

Behutsamkeit ist nothwendig in Betreff des Rufes der Anstalt rücksichtlich ihrer Sammlungen und Institute, denn es kann sehr vieles vorhanden und groß eingerichtet sein und doch unvollkommen benutzt werden. — Bei mäßigen derartigen Hilfsmitteln geschieht sehr oft mehr Gutes, als bei großem Umfange derselben. Das Unnöthige ist oft geradezu auch unnütz, das Unnütze ist Verschwendung, auch ist nicht Alles Gold, was glänzt.

Die Lage der Anstalt, besonders in Bezug auf Bevölkerung und deren Culturzustand, Gelegenheit zur practischen Beobachtung, aber auch zur Erholung und Erfrischung in der freien Natur, verdient besonders berücksichtigt zu werden. Im Allgemeinen verdient unter übrigens gleichen Umständen der Besuch einer Anstalt in einer anderen Gegend, als in der heimathlichen Umgebung, den Vorzug. In der Fremde ist mehr Freiheit, mehr Neuheit, mehr Anregung, mehr Kritik der Heimath.

Wissenschaftliche Lehranstalten mit Pensionat oder Kasernirung der Studirenden, — meine Herren! bemerken Sie wohl, ich spreche nicht von Erziehungsinstituten für Knaben, — setze man als solche den Anstalten, an welchen sich die Studirenden Privatwohnungen zu nehmen haben und bei freien Kostgebern speisen, nach. Die seinsollende bessere Disciplin, Beaufsichtigung, väterliche Leitung und Verpflegung der Studirenden beruhet bei

Anstalten ersterer Art stets auf Täuschung. Ich weiß nicht, welche Luft in solchen Kasernen verpesteter ist, die physische oder die moralische. Junge Männer von Ihrem Alter und Herkommen, meine Herren! müssen sich selbst leiten **können** oder **lernen**. Ein knabenmäßiges Gängeln paßt nicht für Sie, Sie wissen sich demselben auf hundertfältige Weise zu entziehen, und Sie sind hierin gewandter als das Auge des gewandtesten Directors oder Hausmeisters oder Thorschließers. Die Polizeistunde ist fast nur da, um übertreten zu werden. Genossenschaftlichkeit, Behaglichkeit, Muße und Ruhe zum Studium hausen in Institutswohngebäuden nicht, wohl aber das beständige Mißtrauen gegen strenge Beaufsichtigung, wenn sie auch, wie gewöhnlich, fehlt. Freilich, — wo es ohne solche Einrichtung nicht gehen kann, muß man sich bequemen, aber es ist fraglich, ob man solche Lehranstalten an Oertlichkeiten errichten soll, wo die Freiheit der Wohnung und Speisung nicht möglich ist.

Wir Directoren landwirthschaftlicher Lehranstalten begegnen bei Anmeldungen zur Aufnahme auch oft der Frage, ob die Anstalt ihren Zöglingen auch Stellen verschaffe, als ob sie Dienstmakleranstalten wären! — Ich schweige hierüber, denn es ist schwer nicht satyrisch zu werden. Aber characteristisch sind die Anfragen für den Standpunkt, auf welchem die Fragesteller stehen müssen. Lehranstalten, welche mit Aussichten und Versprechungen dieser Art prunken, verkennen ihren Standpunkt und versprechen, was sie nicht halten können.

Wenn es möglich, so ist es jedenfalls anzurathen mehrere Lehranstalten zu besuchen, aber nicht wie die Bienen mehrere Blumen auf kurze Zeit und mit häufigem Wechsel, sondern man muß in einer Anstalt sein Studium zu einer gewissen Abrundung bringen und dann erst andere besuchen. Die Methode des Lehrens, die Einrichtungen und Lehrmittel, sind überall verschieden und deshalb muß man zum späteren Besuche anderer Lehranstalten eine schon einigermaßen abgeschlossene Vorbereitung mitbringen. Man braucht aber alsdann auch nicht lange auf jeder anderen zu verbleiben.

Es wird von diesem Besuchen mehrerer Anstalten viel zu wenig Gebrauch gemacht, weil diejenigen, welche sich dem Studium widmen, fast immer von der Ansicht ausgehen, daß sie nur eine kurze Zeit dem practischen Leben abmüßigen können, um zu studiren. Es werden doch öfters nachher noch Reisen gemacht, und dies ist vortrefflich als Bildungsmittel. Doch ich bin der Meinung, daß es viel besser ist, wenn man seine Reisen so einrichtet, daß man zugleich auf andern Anstalten Etwas lernen kann. Ich rathe also Allen, die es machen können, auf diese Art zu verfahren und unmittelbar an den Abschluß ihres Studiums auf einer Anstalt eine solche Reise zu knüpfen.

Wenn auf diese Weise alle Haupthilfsmittel zum Studium benutzt werden, so muß der Erfolg ein guter sein! — Ich schließe für heute.

Dritte Vorlesung.

Verfolg und Methode des wissenschaftlichen Studiums.

Meine Herren! Unsere heutige Frage ist: Wie hat man sein wissenschaftliches Studium einzurichten? Wie benutzt man dessen Hauptbilfsmittel am besten? — Ich will deren Beantwortung versuchen.

Sie haben während Ihres wissenschaftlichen Studiums 1. Vorlesungen zu hören; 2. theoretische und practische Uebungen zu machen und 3. ein Privat-Studium zu treiben, und es wird unsere Aufgabe sein, uns klar zu machen, in welchem Verhältnisse diese Ausbildungsmittel zu einander und zu Ihrem Zwecke stehen und wie sie am Besten benutzt werden. Ich spreche zuerst über die Vorlesungen und die Benutzung derselben.

Der Nutzen derselben ist im Wesentlichen der nämliche, welchen Studien- oder Lehranstalten gewähren, wie wir gestern erkannt haben. — Die Vorlesung ist das characteristischeste Lehrmittel der wissenschaftlichen Lehranstalt. Sie ist eine lebendige Darstellung des Inbegriffs der Wissenschaft. Sie führt den Zuhörer nicht blos in den Gegenstand, sondern auch in den Geist der Wissenschaft ein. Ein mündlicher warmer Vortrag ist am besten geeignet, Begeisterung für das Studium zu erregen und ohne diese wird dessen Erfolg immer nur ein geringer sein. Die

Vorlesung leitet den Zuhörer in weit kürzerer Zeit als das Selbststudium in die Wissenschaft ein und zwar unter Darlegung und Kritik der verschiedenen Ansichten, Richtungen, Schulen, Schriften Forschungen und vergleichen, und unter Verhütung von Verwirrungen und falschen Auffassungen.

Der Lehrer, welcher eine Vorlesung hält, gibt gleichsam im parallelen Vergleiche die verschiedenen Auffassungen verschiedener Männer über denselben Gegenstand, und, da er dies ohne Kritik nicht thun kann und seine eigene Meinung aussprechen muß, wenn er gut lehren will, so lernen Sie in kurzer Zeit über den Gegenstand und dessen bisherige Behandlung, ja selbst über den Lehrer, urtheilen, finden in Uebereinstimmung oder im Widerspruche mit seiner Ansicht, was wahr und was nicht wahr ist, und erkennen es selbst. Die autodidaktische Lernweise gewährt dieses gleichzeitige kritische Kennenlernen der verschiedenen Ansichten keineswegs, und, wenn man blos liest, so bleibt man oft sehr lange an einer falschen Ansicht hängen. —

Endlich aber ist es von einer tiefen Bedeutung, daß der Lehrer eine Anzahl von Zuhörern hat, deren Bedürfniß, erkennbar an ihrer Haltung und an ihrem Gesichtsausdrucke, ihn bestimmt, ein und denselben Gegenstand immer wieder von einer neuen Seite darzustellen. — Abgesehen davon, so ist es aber eine natürliche, immer wieder beobachtete Erscheinung, daß unter den Zuhörern ein geistiges und äußeres Band besteht, welches sie veranlaßt, den Vortrag kritisch zu besprechen, und dadurch wird sehr viel Antrieb zum Studium gegeben.

So wirken die wissenschaftlichen Vorlesungen. Freilich setze ich dabei voraus, daß der Vortrag ein guter sei, nicht ein trockener, aber auch kein declamatorisch-dramatischer Actus, der es mehr auf Blendung als Belehrung absieht. Ich setze voraus, daß er keine Abschweifungen macht oder durch Reizung zum Lachen oder durch Zweideutigkeiten eine Wirkung hervorzubringen sucht, aber auch, daß er nicht langweilig sei. Ich setze voraus, daß die Vorlesung nicht der Eitelkeit der Zuhörer oder der Liebhaberei des Lehrers, seinem Ich und Selbst, fröhnt, daß sie nicht durch Breite Weitschweifigkeit und Wiederholung des längst Bekannten die Zuhörer quält. Ich gehe von der Ansicht aus, daß die Vorlesung ein künstlerischer freier Act geistiger Reproduction der Stunde sei, in der sie gehalten wird, lebendig, klar, ein freier Vortrag, die Begeisterung des Lehrers für sein Fach beweisend, die Fortschritte der Wissenschaft bis zum laufenden Halbjahr darstellend, daß sie gleichsam vor den Augen der Zuhörer die Wahrheiten sich bilden lasse.

Sie muß durch Gegensätze fesseln und beleben, und aus dem ganzen wissenschaftlichen Materiale heraus arbeiten, weder auswendig gelernt, noch ängstlich an ein Heft gebunden sein. Vortrefflich ist es, wenn, dem Gegenstande entsprechend, allgemeine Lehren aus dem Leben und für das Leben mit unterlaufen.

Eine solche Vorlesung kann in der Form Mängel haben, sie wird doch ihre Wirkung nicht verfehlen. Wenn man daher immer einen glühenden oder einen abgerundeten schönen Vortrag verlangt, so verlangt man Etwas, was oft nicht gewährt werden kann. Denn nicht alle Lehrer sind hierzu geeignet. Seneca sagt einmal: „Etwas Großes und Verschiedenartiges ist die Beredsamkeit, nicht Jedem ist sie ganz verliehen, glücklich derjenige welchem irgend ein Theil derselben zugemessen ist.“ *) Und Cicero in seiner Geschichte der Beredsamkeit sagt: „Wie das Talent die Zierde des Menschen, so ist die Beredsamkeit das Licht des Talents.“ **) Wenn man Mängel mit in den Kauf nehmen muß, so kann man nicht zweifelhaft sein, daß ein einförmiger,

*) Nachtrag: Magna et varia res est eloquentia, nec adhuc ulli sic indulsit, ut tota contingeret, — satis felix est, qui in aliquam ejus partem est receptus. Seneca, Exc. Contr. p. 398. Ed. Bip.

**) Nachtrag: Ut hominis decus est ingenium, sic ingenii lumen est eloquentia! Cicero de clar. oratt. 15, 59.

aber gewissenhafter Vortrag vor einem prächtigen, aber hohlen stets den Vorzug verdient. Man findet nur selten einen allen den Anforderungen vollständig entsprechenden Lehrer.

Seien Sie deshalb überall billig und nachsichtig. Bedenken Sie, daß der Lehrer eben so ein Mensch ist wie Sie, daß auch er oft von Vielem bewegt wird. Denken Sie aber auch daran, daß die Zuhörer selbst oft die Ursache sind, wenn ein Vortrag minder gut gelingt. Der Kaiser Domitian soll gesagt haben, mit dem Wohlwollen der Zuhörer wachse die Fähigkeit zu sprechen.*) Stören Sie daher den vortragenden Lehrer durch nichts, unterstützen Sie denselben durch Ihr Verhalten. Schon Aeußerungen der Zerstreutheit und Geistesabwesenheit der Zuhörer stört den Sprecher. — Es wird dann von Ihnen gefunden werden, daß fast in jedem Vortrag etwas Ordentliches gelernt werden kann. Verbannen Sie leichte Urtheile über diese oder jene Vorlesung, bis Sie selbst sich über ihren Werth unterrichtet haben. Es kommt weniger auf die Schönheit der Form einer Vorlesung an, als darauf, wie Sie sie benutzen.

Zum richtigen Hören der Vorlesungen sind mehrere Regeln zu befolgen:

1) daß man bei der Wahl derselben fortwährend den Vorsatz einer vollkommenen wissenschaftlichen Ausbildung im Auge habe d. h. dahin strebe, sich durch richtige Vorstellungen, Begriffe, Urtheile und Schlüsse von einem wissenschaftlichen Fach gründlich zu unterrichten.

Es kommt oft vor, daß man glaubt, nur Einzelnes aus dem ganzen System herausziehen und besonders treiben zu können, indem man seine Studien auf kurze Zeit z. B. hier auf 1 oder höchstens 1½ Jahre beschränken will. Doch es kann kein Zwei-

*) Nachtrag: Auditorum benevolentia crescere dicentium facultatem. Bei Priscian. Gramm. VI. 43. p. 693.. Putsch: Donatianus. Mittheilung meines Collegen Hertz.

fel darüber sein, daß ein Cursus von 2 Jahren für das landwirthschaftliche Studium schon sehr beschränkt ist. Es kommt ja nicht darauf an, daß man sich so rasch als möglich durch das Studium hindurch treiben läßt, oder sich blos eine möglichst große Menge einzelnen Wissens aneignet, sondern darauf, daß man sich in diesem Wissen eine Methode, Begründung und innere Einheit verschaffe. Diese aber und das Ansammeln von verschiedenartigen Kenntnissen gehen Beide bei ruhigem Studium mit dem manchfachen Stoffe in den menschlichen Geist ein. Das Lernen des Einzelnen und der Zusammenhang des Wissens beruht auf einem System, und Lücken im Zusammenhange sind Lücken im Studium selbst.

Man sucht sich aber nicht blos durch Verkürzung seiner Studienzeit zu helfen, sondern man glaubt auch noch häufiger, daß schon das Hören der Vorlesungen genug sei, daß man sich gleichsam den Magen des Wissens vollstopfen und in der Hoffnung auf künftige Verdauung ins Leben weggehen könne. Allein damit wird vom Studirenden nicht blos das Seinige nicht gethan, sondern es wird auch überhaupt gar kein wissenschaftliches Studium vollbracht. Es gehört Ruhe, Besonnenheit und Zeit dazu. Vermindert man Eines oder das Andere, so muß das Ergebniß stets eine Halbheit, eine Unvollkommenheit sein. Der ganze Mensch soll vom wissenschaftlichen Studium erfaßt werden und er kann es nur, wenn er das ganze System durchmacht. Das Endergebniß eines solchen verkehrten Treibens ist nicht Wissenschaft, es ist Nichts, höchstens ein Auswendiglernen, ein Sichabrichten, meistens Verwirrung, Verdummung, wogegen die Wissenschaft oder Lehranstalt als ihr Werk Einspruch erhebt. Aber es ist auch nöthig,

2) immer stufenweise fortzuschreiten und nie, ohne Eines vollendet zu haben, das Andere anzufangen. Daher muß man stets die vorbereitenden Lehren zuerst, die Grund- und Hilfswissenschaften vor den Hauptwissenschaften hören.

Wäre es möglich, den Studirenden der Landwirthschaft auf einer höheren Lehranstalt eine allgemeine wissenschaftliche Vorbereitung in Mathematik, Geschichte und Philosophie, allerwenigstens aus der Letzteren doch in der Logik und Psychologie, zu geben, so würde dadurch der Landwirthschaft ein großer Nutzen bereitet. Nichts ist natürlicher, als daß man sich im entgegengesetzten Falle gar nicht oder nur oberflächlich mit den allgemein bildenden Wissenschaften beschäftigt und das Fach-Studium nur halb versteht. An den Universitäten ist Gelegenheit zu derartigen Vorstudien. Allein leider werden sie auch von den dortigen Studirenden anderer Fächer nur saumselig und oberflächlich, meistens gar nicht, betrieben. Das „bald fertig werden und ins Brod kommen wollen" treibt zum „Brodstudium" ohne allgemeine Vorbereitung. Dies ist eine Unterlassungssünde unserer Zeit. Daher kommt es, daß wir so viele mangelhaft allgemein gebildete Aerzte, Juristen und Verwaltungsbeamte haben. Daher kommt es, daß in unserer Zeit Gesellschaft und Staat vielfältig an demjenigen Mangel leidet, was die allgemein wissenschaftlich vorbereitende Ausbildung gewährt. Das allgemein Menschliche und eine höhere Richtung in der Anschauungsweise der Dinge geht verloren!

Aber man soll auch im Fach-Studium die Hilfswissenschaften vor den Hauptwissenschaften durchnehmen. Es ist z. B. nicht in der Ordnung, daß man irgend einen Zweig der Thierheilkunde hört, ehe man Anatomie und Physiologie der Hausthiere gehört hat, daß man die Technologie vor der Chemie hört, besonderen Pflanzenbau vor der Anatomie Physiologie und Geographie der Pflanzen, die Geräthe- und Maschinenkunde vor der Mechanik. Es ist aber auch nicht angemessen die Betriebslehre vor der Gewerbslehre, einen Zweig der Thierzucht vor der allgemeinen Thierzuchtlehre, einen Zweig des besonderen Acker- und Pflanzenbaues vor der allgemeinen Feldbaulehre zu beginnen.

Gleichwohl wird es oft nicht möglich sein, die Eintheilung

seiner Zeit für die Vorlesungen gerade so zu treffen, daß Eines hinter dem Andern gehört werden kann, wie es gehört werden soll. Man hat, um dies zu erzwingen, schon einen Zwangs-Cursus vorgeschlagen, so daß Semester auf Semester die richtige Reihenfolge durchgemacht werden müsse. Aber ich bin stets dagegen gewesen, denn jeder Zwang hierin wirkt der freien wissenschaftlichen Ausbildung entgegen und es würde aus der wissenschaftlichen Lehranstalt eine Klassenschule werden, in welche streng genommen erst nach Abwickelung des ganzen Cursus Schüler zugelassen werden könnten, um den neuen zu beginnen.

Indessen, außer der richtigen Reihenfolge der Vorlesungen selbst ist die Methode ihrer Benutzung höchst wichtig. Es muß darauf gehalten werden,

3) Nie ohne Vorbereitung in eine Vorlesung zu gehen. Der Geist soll schon empfänglich sein für das zu Hörende und dies kann nur durch Vorbereitung ermöglicht werden. Werfen Sie auf ungeackerten Boden Saat, so entsteht so gut wie gar nichts, und eben so ist es hiermit, wenn man ohne Vorbegriffe in die Vorlesung geht und erst in dieser Alles erwartet.

„Wie sollen wir uns vorbereiten?" — So fragen Sie mich. — Blos dadurch, daß Sie sich an der Hand eines Lehrbuchs vorher über dasjenige unterrichten, was vorgetragen werden soll, und eine solche Vorbereitung ist gerade bei denjenigen am nöthigsten, die nicht von guter Fassungsgabe und keine Muster der systematischen Klarheit sind. Eine solche Vorbereitung ist besonders nöthig in Fächern, in welchen die Vielfältigkeit des Gegenstandes leicht Verwirrung erzeugt. Ein solches Fach ist z. B. besonders die Chemie, sie zeichnet sich weniger durch Klarheit als vielmehr durch eine große Manchfaltigkeit einzelner Stoffe und Processe aus. Wer in Vorlesungen über diese unvorbereitet kommt, dem wird Vieles unklar bleiben und wer in der Chemie nicht mit stetem Verständnisse fortschreitet, der wird es darin zu Nichts bringen!

Aehnlich ist es in Vorlesungen, in welchen der Organismus und dessen gesetzmäßige Functionen erklärt werden, z. B. in der Anatomie und Physiologie der Pflanzen, ähnlich in der der Hausthiere, ähnlich überhaupt in allen Grund-Wissenschaften, auf deren natürlichen Grundlagen die Erkenntniß anderer Wissenschaften beruht. Allein die bestgehaltene Vorlesung wird wenig fruchten, wenn sie nicht aufmerksam gehört wird. Daher ist

4) anhaltende und nachhaltige Aufmerksamkeit nothwendig. Wer hierin nicht über sich Herr sein kann, der wird die Vorlesungen ohne Nutzen anhören. Seien Sie in diesem Puncte auf Sich selbst besonders aufmerksam! Ich rathe Ihnen, — wenn Sie zeitweise an einer unlenksamen Zerstreutheit leiden oder Ihren Geist, wie man sagt, nicht bei sich haben, so besuchen Sie die Vorlesungen lieber gar nicht. Denn dann verlieren Sie Nichts oder wenig und üben auf den Lehrer und die Commilitonen doch keinen nachtheiligen Einfluß aus. Es ist allerdings unsere erste Aufgabe, unsere Schwächen zu bekämpfen, anstatt ihnen zu huldigen. Allein es gelingt uns oft aus leiblichen Ursachen nicht, und dann pflege man seinen Körper, dem so wie dem Geiste in diesem Falle durch einen Spaziergang mehr gedient zu werden pflegt, als durch eine Vorlesung.

Ein Mittel, welches den Zuhörern die Abwechselung einer beliebigen Zerstreutheit gestattet, ist das Heft-Dictiren. Daß geschlafen wird, mit geschlossenen oder offenen Augen, während der Lehrer das Dictat erläutert, kommt häufiger vor, als Sie es selbst glauben. Wir Lehrer haben Gelegenheit genug, es zu beobachten. Dies ist nicht zu empfehlen.

Die beste Benutzung der Vorlesung wird ermöglicht, wenn dieselbe ein freier Vortrag ist und der Zuhörer nur Notizen zu machen hat, welche er sich dann die Zeit nimmt selbst auszuarbeiten. Ich gelangte als Student auf diese Art zu einem Hefte selbst über technische Chemie und habe an mir die Erfahrung gemacht, daß ich so den meisten Vortheil von der Vorlesung hatte. So erfüllt die Vorlesung am besten ihren Zweck. Sie soll ja doch keinen Schulsack anfüllen, nicht ein großes Material gewähren, um es mit nach Haus zu schleppen, sondern zu und in der Wissenschaft anregen, Methode und Kritik lehren, und, wo es nothwendig ist, dem Zuhörer durch Demonstrationen und Experimente die Gegenstände anschaulich und haftbar machen. Der junge Mann, der sich einem wissenschaftlichen Studium concentrirt widmen will, ist nicht dazu geeignet, schon ins Einzelne einzugehen und alle Fälle schon im Heft notirt zu bekommen. Dies ist und bleibt Aufgabe des späteren reiferen Studiums, beziehentlich der practischen Wirksamkeit.

5) Endlich ist eine Repetition der Vorlesungen nöthig. Dies ist noch nicht das Nachstudium in anderen Schriften, sondern ein wiederholtes Aneignen der Vorlesungen. Am besten thut man es, wenn man selbst reproducirt, wenn man die Notizen, die man während der Vorlesung machte, in ein abgerundetes Ganze verarbeitet. Aber, meine Herren, man braucht Zeit dazu! Den ganzen Tag in Vorlesungen sitzen paßt nicht dazu, denn nach solcher Tagesarbeit ist man zu matt, um noch zu reproduciren.

Es gibt noch ein anderes Mittel, welches auch öfters angewandt wird, um sich den Inhalt einer Vorlesung wohl zu Nutzen zu machen, oder eine nicht vollständig gehörte Vorlesung zu ergänzen. Dies ist das zweimalige Hören einer und derselben Vorlesung, besonders, wenn man es bei verschiedenen Lehrern thun kann. Indessen auch dies kostet Zeit, — doppelte Zeit, und ist wenig nützlich, wenn es das Nachstudium ersetzen soll.

Auf eine und dieselbe Regel führt die Betrachtung beider Wege. Man höre in ein und demselben Semester nicht zu viele Vorlesungen. Meine Herren! Wenn Sie sich Morgens 6 oder 8 Uhr glücklich den Federn entwunden haben und dann bis 12 Uhr Vorlesungen hören, und um 2 Uhr wieder bis 6 Uhr, worauf dann manchmal noch ein Conversatorium folgt, — wo bleibt dann die Zeit und Kraft zum selbst nur oberflächlichen Nachstudium? — Und doch, es kommt leider öfter vor, als es sollte. Man muß Mitleid mit einem Studirenden haben, der dazu gezwungen wird oder sich freiwillig selbst dazu bestimmt, ein solch Leben zu führen!

Es ist sehr schwer viele Vorlesungen zu halten; aber noch sehr viel schwerer, viele Vorlesungen zu hören, und die Zuhörer genießen von Seiten der Lehrer in dieser Hinsicht weit mehr Rücksichten, als umgekehrt.

Auch bei 2 Jahren Studienzeit wird der Studirende der Landwirthschaft an einer wissenschaftlichen Lehranstalt durch die vielen Fächer, so zu sagen, durchgepreßt, ja die Lehrer sind genöthigt, sich selbst unaufhaltsam und befriedigungslos durchzupressen. — Ich versichere Ihnen, meine Herren, es ist ein ermüdendes und am Schluß sehr unbefriedigendes Tagewerk, zu dieser Jagd das Wild schußgerecht herbeizutreiben. Da steht man drinnen in der Masse! Man soll Ihnen die Wissenschaft ausführlich und doch gedrängt mit Anwendbarkeit beibringen. Und wenn man das Thun recht betrachtet, so ist es unmöglich! — Ich weiß, man tadelt gerade die wissenschaftlichen Lehranstalten der Landwirthschaft deshalb, als ob *sie* am Uebel Schuld seien. Gleichwohl ist erwiesen, daß die Studirenden von den 2 Jahren des Cursus nur 1½ Jahr bleiben, weil sie keinem Zwange unterworfen sind und sein dürfen.

Lassen Sie uns unseren Cursus auf 3 Jahre ausdehnen. Die Studirenden werden auch dann nicht so lange bleiben, sondern vor der Zeit fertig werden wollen. Aber, ob mit sich oder der Wissenschaft? — Das ist eine andere Frage, — und die weisen Tadler unserer Anstalten sollten bedenken, daß, was in dieser Hinsicht die höheren Anstalten drückt, auch auf den mittleren lastet, und daß, wenn auf Universitäten das Triennium nicht vorgeschrieden wäre und keine Staatsprüfungen in Aussicht ständen, die dortige Studentenwelt es nicht anders machen würde. Dies ist sehr bedauernswerth, allein mit Semesterzwang beseitigt man nicht die Vorurtheile der studirenden Welt und ihrer Eltern.

Selten verläßt Einer die Academie nach der hastigen Arbeit ohne die Ueberzeugung, daß die Letztere eine Verkehrtheit sei. Und dennoch schwimmt auf dem Strome der allgemeinen Meinung zu jedem Semester eine neue Anzahl junger Männer zur wissenschaftlichen Schnellfahrt heran. —

Nunmehr wende ich mich zur zweiten Quelle der Belehrung bei dem wissenschaftlichen Studium. Ich meine die theoretischen und practischen Uebungen.

Ueber die Verbindung der „Praxis mit der Theorie," oder über die Verbindung einer practischen Uebung mit dem wissenschaftlichen Studium der Landwirthschaft herrschen draußen in der Welt höchst unklare Ansichten. Unter gar Vielen, welche von einer wissenschaftlichen Lehranstalt keinen Begriff haben, geht es von Munde zu Munde: diese Anstalten müßten practisch sein, oder sie müßten die „Praxis" mit der „Theorie" verbinden. Man verwechselt hierbei schon Theorie mit Wissenschaft und dies ist ein großer Fehler, denn es gibt Theorien, welche durchaus keine Wissenschaft sind. Auch jede unerwiesene Behauptung von Wahrscheinlichkeit oder Unwahrscheinlichkeit, oder jede Hypothese kann eine Theorie genannt werden. Solche kommen in den Wissenschaften öfters vor, und es wird daher unter Theorie oft etwas verstanden, was in der Praxis nicht durchgeführt werden kann. Man will von unpractischen Theorien nichts wissen, und also „die Theorie mit der Praxis" an der Lehranstalt verbunden wissen, damit nichts Unbrauchbares gelehrt werde.

Wir haben gesehen, was Wissenschaft sei. In ihr kommen die Hypothesen oder Theorien zum Austrage, indem sie einer Kritik unterworfen und entweder als richtig oder als unrichtig erwiesen werden. Es entwickelt sich aber immer hieran heraus, was Wissenschaft genannt wird, und es ist also Nichts natürlicher, als daß es in derselben Theorien gibt, welche für die Praxis noch nicht geeignet sind, und solche, welche sich in der Praxis bewähren müssen, eben weil sie wahr sind. Denn wenn Letztere nicht wahr wären, so würden sie mit der Natur oder dem Menschenleben in Widerspruch stehen. Unpractisch sind nur derartige Theorien. Sie dürfen auf wissenschaftlichen Lehranstalten nicht als Wahrheit gelehrt, sondern müssen als ganz unwahr oder halb wahr erwiesen werden.

Viele verstehen unter der Verbindung der Praxis mit der Theorie an höheren landwirthschaftlichen Lehranstalten die Einrichtung, daß die „Zöglinge“ neben dem Studium der Wissenschaft auch practisch beschäftigt werden sollen. Allein wie soll man daselbst in einer Gutswirthschaft 30 — 80 Studirende beschäftigen können? — Mit welcherlei Arbeiten soll man sie beschäftigen? — Mit Beaufsichtigung und Leitung der Geschäfte und Arbeiten? — Mit Hand- und Spanndiensten? — Würden sie nicht blos sich gegenseitig und dem ganzen Betriebe im Wege stehen? —

Die Practiker sollten doch wissen, daß dergleichen geradezu unmöglich ist, während die Kenner der Wissenschaft und ihres Studiums wirklich wissen, daß, wenn man sich practisch beschäftigt, man keine Zeit hat, die Wissenschaft in 2 — 3 Jahren zu studiren, — überhaupt, namentlich aber dann, wenn ein solches Studium so complicirt ist, wie das landwirthschaftliche in den Haupt- und Hilfswissenschaften. Es wäre nur zu wünschen, daß ein solcher Practiker mindestens ¼ Jahr auf der Academie wäre und es versuchte. Er würde gar bald entweder die practische Thätigkeit oder das wissenschaftliche Studium aufgeben, weil er nicht gleichzeitig Vorlesungen hören und nachstudiren und auf dem Wirthschaftshofe oder auf dem Felde thätig sein könnte, sich aber ein Nacheinander dieser Beschäftigungen nicht ausführen ließe. Deßhalb ist es zweckmäßig, daß der die Landwirthschaft wissenschaftlich Studirende die landwirthschaftlichen Hilfsmittel und Thätigkeiten schon einigermaßen kenne. Aber unerläßlich ist es keineswegs, und eine zu lange vorherige Praxis verkrustet den Geist mit Vorurtheilen gegen die Lehren der Wissenschaft. Dies ist meine Erfahrung.

Wiederum Andere haben von der Verbindung der „Theorie und Praxis" die Ansicht, daß Alles in Versuchen dargestellt oder practisch ausgeführt werden solle, was gelehrt wird. — Da geräth man in's Lächerliche! Wir lesen z. B. über alle Fütterungsmethoden, Düngemittel, über die verschiedenen Methoden der Behandlung des Stallmistes, über die Ackerbausysteme, über die verschiedenen Lohnsysteme, über die Servituten u. s. w. Wie soll man denn einen Betrieb einrichten, um dies Alles practisch zu zeigen? Sollen fortwährend alle Arten von Versuchen im Gange gehalten werden? — Am verbreitetsten ist der Gedanke: die Wirthschafts- und Ackerbausysteme sollten sämmtlich practisch durchgeführt werden. Da dies aber practisch ohne eine besondere Gutswirthschaft für ein jedes nicht ausführbar ist, so hat man sich damit begnügen wollen, eine Musterkarte der verschiedenen Fruchtfolgen auf einem kleinen Grundstücke zu unterhalten, als ob dies auf einem Blatte Papier nicht eben so gut zu demonstriren wäre. Und dennoch ist dies lange genug bewundert worden, obschon es gar nichts beweist. So wurde man im Streben nach Praxis unpractisch und unwissenschaftlich zugleich, und Lehranstalten haben sich an sich selbst so versündigt, wirklich oder zum Scheine solchen unsinnigen Forderungen nachzugeben. — Ich breche hier ab. —

Noch eine andere Ansicht von der Verbindung der „Theorie mit der Praxis" an landwirthschaftlichen Lehranstalten ist diejenige, wonach das Practische darin bestehen soll, daß die Gutswirthschaft eine Versuchswirthschaft sei. Meine Herren! Blicken Sie nur beobachtend auf unser Versuchsfeld von 18 Morgen, bedenken Sie dabei, was zu einem ordnungsmäßigen landwirthschaftlichen Versuche gehört, und überlegen Sie dann, ob man im Stande ist, dies im großen Maaßstabe auszuführen. Es gehört zu den colossalsten Irrthümern unpractischer Verblendung, eine ganze Gutswirthschaft in eine Versuchswirthschaft verwandelt zu wünschen. Und wer soll die Geldmittel zu solcher Verschwendung hergeben? —

Trotz der Falschheit dieser Ansichten ist und bleibt es dennoch in gewisser Hinsicht wahr, daß die wissenschaftliche Lehranstalt für Landwirthschaft die „Praxis mit der Theorie" verbinden d. h. die Wissenschaft practisch und für die Praxis lehren soll. Wie kann und soll dies in vernünftiger Weise geschehen? —

Hierüber in der nächsten Versammlung!

Vierte Vorlesung.

Verfolg und Methode des wissenschaftlichen Studiums.

(Fortsetzung.)

Meine Herren! Ich komme heute dazu, Ihnen meine Ansicht über die angemessenste Art der Verbindung „der Praxis mit der Theorie" an Anstalten der hiesigen Art aus einander zu setzen. Die Wissenschaft soll erstens practisch, d. h. mit Kenntniß des Lebens und des Wirkens mit ihr im Leben, und zweitens für die Praxis, d. h. vorbereitend und einführend zum Wirken im Leben gelehrt werden. An Universitäten hat man theologische, juristische, philologische und kameralistische Seminarien, Laboratorien, Anatomien, physiologische Institute und Kliniken theils in Krankenhäusern theils in der Stadt selbst. Darin wird practisch gelehrt und zur Praxis angeleitet, wie es der wissenschaftlichen Lehranstalt geziemt. Mehr als dort ist auch auf unseren Lehranstalten nicht nothwendig und nicht statthaft. Die Praxis lernt sich nur in der Praxis. Auf der Lehranstalt soll der Studirende 1) nach und neben den Vorlesungen noch practisch unterrichtet werden; 2) zur practischen Beobachtung und Beurtheilung Gelegenheit haben, und 3) zur Praxis ein- und angeleitet werden. Dazu dienen, außer Lehrern, die das Leben und die Praxis kennen, auf unseren Anstalten folgende Einrichtungen:

I. Conversatorien, Disputatorien, Examinatorien, und schriftliche Ausarbeitungen. Dieselben dienen zur Verständigung, Erläuterung, Prüfung und weiteren Ausführung des Wissens.

Im Conversatorium und Disputatorium kann der Lehrer nicht blos fragen, sondern er muß auch gefragt werden, wenigstens ist das Fragen, Bestreiten und Antworten gegenseitig. Man kann hier in das Einzelne der Lehren eingehen, Lücken ausfüllen und den Schüler auf besonders wichtige einzelne Seiten hinführen. Die dialogische und dialectische Thätigkeit weckt neue Gedanken und erschließt Unklarheiten. So ist es schon im Conversatorium. Beim Disputatorium ist es in gesteigertem Maaße vorhanden, denn hier muß Einer seine aufgestellten Ansichten vertheidigen und so wie das Conversatorium mehr einen Lernenden und einen Lehrenden voraussetzt, so setzt Letzteres zwei mit bestimmten Ansichten versehene Personen voraus. Das Disputatorium hat noch den Vortheil, daß die Betheiligten sich im Verhandeln eines jeden Gegenstandes üben. Sie sind Beide ein vorzügliches practisches Lehrmittel, man kann in ihnen die Lehren auf's practische Leben in Anwendung bringen.

Das Examinatorium, an sich eine theoretische Uebung, wie die schriftlichen Ausarbeitungen, kann aber wie diese dazu gebraucht werden, dem theoretischen Wissen eine practische Richtung zu geben.

Vorzüglich wichtig und wirksam in allen diesen Beziehungen sind solche Vereine, wie Einer unter den hiesigen Academikern und Lehrern schon seit Jahren besteht, worin Academiker Vorträge halten, über welche eine Discussion oder Disputation in geordneter Form unter einem Vorsitzenden und mit Schriftführern aus Ihrer Mitte geführt wird. Sie verbinden mit der Belehrung die Annehmlichkeit der Unterhaltung.

Auf den Versammlungen der landwirthschaftlichen Vereine ist nicht blos betrübend wahrzunehmen, wie ungeübt die Herren

Practiker im mündlichen Verhandeln sind, sondern sogar niederschlagend zu erkennen, wie wenig die Herren wissen und wie wenig sie im Stande sind, an den Ansichten Anderer die starke und die schwache Seite zu finden. Meistentheils gehen ihre Meinungen, die man nicht Ansichten nennen kann, neben einander her und hin. Was man im Leben „Kohlen" nennt, ist die unangenehme Folge davon. Meine Herren! Lernen Sie es besser machen — hier haben Sie Gelegenheit. — Wichtig sind:

II. Demonstrationen und Uebungen.

Ich meine damit nicht blos die Experimente in Experimentalvorträgen und die Vorzeigungen von Modellen, Naturkörpern, und Präparaten in Vorlesungen, sondern auch besondere Demonstrationen auf dem Felde, auf den Wiesen, in den Forsten, im Garten, auf dem Gutshofe, in den Ställen und sonstigen Wirthschaftsgebäuden, in den Fabriken, an kranken Thieren und so weiter.

So z. B. würden alle Theorien über Wollkunde niemals vollständig vorgetragen werden können, wenn man keinen Wollmesser, kein Mikroskop, keine Schaafe hätte, womit man demonstriren könnte, sowie es auch den Pflanzen-Anatomen und Physiologen nicht möglich wäre, ohne Demonstration an Pflanzen ihre Wissenschaft klar zu machen. Es sind vielleicht neue Instrumente belobt, ältere getadelt worden, sie sollen geprüft werden, — wenn man sie nicht hat und selbst erprobt, so kann kein Urtheil über sie gefällt werden. Eben so ist es mit den technischen Gewerben und den Processen, worauf ihr Wesen beruht.

Ganz so ist es hinsichtlich der genannten Uebungen. Ohne Chemie im Laboratorium zu üben, bekommt man weder Begriff noch Vorstellung vom chemischen Proceß und wird es nie lernen, von den Apparaten und den chemischen Naturgesetzen practischen Gebrauch zu machen. Ohne Uebungen unter Anleitung wird man schwerlich das Bestimmen der Pflanzen, ohne Uebung mit dem

Mikroskop keine Untersuchung derselben, ohne Uebung in der Handhabung des Mikroskops das Mikroskop selbst nicht kennen und gebrauchen lernen. Ein Gleiches findet Statt hinsichtlich des Bonitirens des Bodens, des Taxationsverfahrens, der einfachen Operationen am lebenden Thiere, des Unterrichts im Feldmessen und Nivelliren und in manchem Andern, was nur mittelst Uebungen vollkommen zu lehren ist.

Dies ist aber Alles nicht Praxis, sondern practisch gehaltener Unterricht und Anleitung zur Praxis. Bei den Demonstrationen und Uebungen ist die passendste Gelegenheit zu Examinatorien und Conversatorien im besonderen Fache. Dies ist auch der Fall bei den

III. Excursionen. Sie sind Reisen im Kleinen zu botanischen, landwirthschaftlichen, technischen und forstlichen Zwecken, zum Besuche von Gutswirthschaften, Schäfereien, Fabriken und dergleichen. Der Zweck ist das Sammeln von Pflanzen und wirthschaftlichen Beobachtungen, die Anleitung zu diesen und zur Vergleichung. Botanische und forstliche Excursionen sind indessen ihrer Natur nach nützlicher, als wirthschaftliche und technische, weil bei diesen der Zusammenhalt der Lernenden schwieriger und die Zerstreuung mit Vergnügungen verführerischer ist. — Von hoher Bedeutung aber ist

IV. eine Gutswirthschaft am Orte der Anstalt selbst oder ganz in der Nähe. Welches ist ihr Zweck und ihre Aufgabe? — Welches ist das richtige Verhältniß einer academischen Gutswirthschaft zur Lehranstalt? — Sie soll das Haupt-Element sein, um die wissenschaftliche Lehre von der Landwirthschaft practisch zu bestätigen und zu erläutern. Die Gutswirthschaft soll nicht eine Versuchswirthschaft in dem vorher getadelten Sinne, keineswegs nur Versuchswirthschaft, sondern eine in Einrichtung und Betrieb musterhafte und einheitliche Wirthschaft sein, die dem Lehrzwecke durch Demonstration, als Beispiel an sich, zu Uebungen genannter Art, mit interessantem guten Neuen, und mittelst eines angemessenen Reinertrags dient, nicht eine Modell- oder Musterwirthschaft, sondern nur eine musterhafte Wirthschaft. Es gibt für Einrichtung und Betrieb der Gutswirthschaft keine Schablone, eine jede wird ihre Eigenthümlichkeiten haben. Es ist gut, wenn die academische Gutswirthschaft alle Zweige des landwirthschaftlichen Wirthschaftssystems in sich schließt, alle Zweige des Acker-, Wiesen- und Gartenbaues, alle Zweige der Viehzucht und in jedem die vorzüglichsten Racen von Thieren, alle Zweige der landwirthschaftlichen Kunstgewerbe, ein jedes in höchster Vollkommenheit. Aber ist es zu verlangen? Kann sie dies? Kann sie Groß- und Kleinbetrieb zugleich sein? — Selbstverwaltung und Pachtung? Kann sie alle Wirthschaftseinrichtungen, Geräthe und Maschinen haben? — Dies, meine Herren! sind nur einige Fragen welche begreiflich machen können, daß auch die Forderung ihrer Ausstattung ihre vernünftige Sach- und Geldgränze hat. Theils ist es unmöglich, theils wäre es nicht verständig, theils würde der Aufwand außer Verhältniß zum Nutzen stehen. Es gibt ein Maaß für alle Dinge und alles hat seine bestimmten Gränzen, sagt ein altes lateinisches Sprichwort. Seien Sie daher billig in Ihren Anforderungen und bedenken Sie, daß die Jahre allmälig eine Verbesserung der Ausstattung mit sich bringen. Von großem Werthe ist es an sich und des Beispiels wegen, wenn die academische Gutswirthschaft sich aus eigenem Erwerbe vervollständigt, anstatt mit außerordentlichen Zuschüssen bereichert zu werden. Sie soll gerade darin auch nachahmenswerthes Beispiel sein. Gleichwohl werden Letztere nicht fehlen dürfen. Sie müssen sich auf das Kostspieligste und Seltene beschränken, und selbst hierbei ist nicht zu vergessen, daß man nur das einigermaßen als brauchbar befundene Neue anschaffe und nicht auf Nutzloses Geld verwende. Aber hinsichtlich der Ordnung, Reinlichkeit und Geschäftsleitung im Betriebe, der Gutsgebäude und dergleichen muß die Gutswirthschaft tadellos dastehen, und für einen engeren oder weiteren Kreis als Quelle zum Bezuge von Saaten, Zuchtthieren, Acker- und Gartenerzeugnissen, Fabrikaten und dergleichen sich nützlich machen. Alles dies ist für sie indessen auch hinsichtlich der Geldeinnahmen vortheilhaft.

Die Gutswirthschaft darf aber nicht allein dastehen, sondern es muß neben ihr und getrennt von ihr, unabhängig von derselben auch noch

V. ein Versuchsfeld und ein Versuchsstall, zu Versuchen im Ackerbau und in der Thierzucht vorhanden sein. Das Versuchsfeld soll aber nicht, wie es wohl ehemals der Fall war, blos oder hauptsächlich dazu dienen, durch Saamenbau Erträge zu erzielen, sondern vor Allem dazu, um im Interesse der Wissenschaft und Praxis Feldbauversuche mit aller der Genauigkeit anzustellen, welche die Idee und der Zweck des Versuchswesens zu fordern hat. Die wissenschaftlichen landwirthschaftlichen Lehranstalten sind die vorzüglichst geeigneten Sitze des Versuchswesens. Dasselbe ist Eine ihrer wichtigsten Aufgaben und sie besitzen dazu die Fonds, Einrichtungen und geeignete Persönlichkeiten. Sie sind die Versuchsstationen, und als solche von der Einseitigkeit frei, nur Ackerbau- und keine Thierzuchtsversuche machen zu können. Es gibt Versuche, welche sich ganz wohl in der academischen Gutswirthschaft anstellen lassen. Diese gehören dorthin, dazu muß dieselbe der Lehranstalt dienen. Andere eignen sich entweder gar nicht oder noch nicht dazu. Diese sind auf das Versuchsfeld oder in den Versuchsstall zu verweisen. Stellen sie sich dereinst als zur Ausführung im Großen oder Ganzen geeignet heraus, so muß die Gutswirthschaft hierzu gebraucht werden. Die Besprechung der Versuche in den Vorlesungen und die Benutzung derselben zu Demonstrationen und Uebungen ergibt sich von selbst. Meine Herren! Benutzen Sie unser Versuchsfeld nach Anleitung des halbjährlich ausgehängten Planes seiner Bestellung sorgfältig zu Beobachtungen!

Was das Versuchsfeld für Feld- und Gartenbau ist, dasselbe ist der Versuchsstall, in zwei Abtheilungen, für gesunde und für kranke Thiere hinsichtlich der Thierzucht.

Aber mit dem Versuchsfelde ist der Acker- und Gartenbaulehre noch nicht genug gedient. Es ist auch

VI. ein botanischer, ein Gemüse- und Obstbaum-Garten nöthig und zwar nicht blos als eine lebendige Pflanzensammlung oder zu Lehr- oder hauswirthschaftlichen oder Verkaufs-Zwecken, sondern auch um darin nach kleinstem Maaßstabe Versuche zu machen. Ohne Gewächshäuser erfüllen solche Gärten ihren Zweck nicht. Acclimatisationsversuche, Wärme-, Feuchtigkeits-, Electricitäts-, und pflanzenphysiologische Versuche sind ohne sie schlechterdings unmöglich. Solche wohl ausgestattete Gärten, an sich überaus lehrreich und bildend, sind aber überhaupt als Glied des academischen Versuchswesens unentbehrlich. Die kleinsten und primitiven Versuche mit Erde und Pflanzen, die Vorläufer der Versuchsfeld-Versuche bedürfen derselben. Allein dies wird noch selten eingesehen, am häufigsten jedoch hört man bezweifeln, daß eine landwirthschaftliche Lehranstalt Gewächshäuser brauche. Und ist es denn so etwas Wegzuwerfendes, wenn wir sie auch nur haben wollten, um den Studirenden den Gebrauch, die Behandlung und Einrichtung eines Gewächshauses zu zeigen? Als ob des landwirthschaftlichen Lebens höchster Trieb und Genuß nur in der Gewinnung der Erzeugnisse des Viehes, des Ackers, der Wiese und der gemeinen Gartengewächse bestehe! — Soll sich kein Gutspächter oder kleiner Gutsbesitzer die edleren Genüsse des Gartenbaues verschaffen? Sollten dies nur die Reicheren zu thun berechtigt sein? Welchen von Beiden thut die Belehrung und das Beispiel mehr Noth? — Will man um der Sorge fürs Leben willen vergessen, wozu man lebt? — nach dem tadelnden

Worte des römischen Schriftstellers! *) Sollen auch wir an den Lehranstalten nur den rohen Erwerbsgeist und groben Materialismus pflegen? — Doch meine Herren, lassen Sie uns von diesen ärgerlichen Betrachtungen abgehen, und unsere Hauptaufgabe verfolgen!

Wir kommen zur Betrachtung der dritten Hauptthätigkeit bei'm wissenschaftlichen Studium. Diese ist das Privatstudium oder Selbststudium.

Das fleißigste Hören der Vorlesungen und Mitmachen der Uebungen und Demonstrationen ist nicht ausreichend. Meine Herren! Sie werden selbst daran nicht genug haben, weil es Sie nicht befriedigen wird. Sie müssen weiter arbeiten, selbst denken, selbst lesen. Die Vorlesungen führen in die Wissenschaft ein und regen zum weiteren Studium an. Zu dem Selbstdenken, Selbstlesen und Selbstarbeiten in der Wissenschaft, gehört aber Vieles, was man ohne Kampf mit sich selbst und der äußeren Umgebung nicht erreichen kann. In längst vergangenen Zeiten haben sich Männer in die Wüste, in die Einsamkeit, zurückgezogen, um den Geist zu bilden, und gelehrt, man müsse das Fleisch ertödten, um die Seele zu erheben. Ich verlange von Ihnen keine Klausur. Es soll Jeder hierin sein eigener Herr sein. Jeder soll nach seiner Ausbildung frei auf seine Weise streben. Aber der Studirende, der die academische Freiheit hat, muß es auch verstehen oder doch lernen, sich selbst zu beherrschen, sich in sich selbst zurückzuziehen, um selbstdenkend zu arbeiten. Dazu ist auch wieder nachhaltiger Fleiß erforderlich, und die Verhütung und Unterlassung alles dessen, was das Gleichgewicht der Seele stört, folglich zur Geistesarbeit unfähig macht. Ohne innere und äußere Ruhe ist ein Versenken der Gedanken in einen Gegenstand unmöglich. Eine Beschränkung in Vergnügungen, nicht ein Aufgeben derselben, eine Verminderung aller

*) Nachtrag: Summum crede nefas ..... propter vitam vivendi perdere causas. Juvenal. Satir. VIII. 83.

solcher Vergnügungen, welche Lust und Kraft zur Arbeit stören, ist ein zweites Erforderniß. Selbstständiges Gestatten von Vergnügungen, so daß die Zerstreuung sich nicht des Geistes und Gemüthes bemächtigt, ist Erholung, die der studirenden Jugend gebührt. Ihre jetzige Zeit der Freiheit zum Studium und zur Freude, so köstlich wie sie ist, kehrt niemals wieder. Nutzen Sie sie doch ja, aber bleiben Sie dabei Herr Ihrer Lust! Bekämpfen Sie aber auch die Unlust und das Nicht-Aufgelegtsein zur Arbeit! Es ist Uebung in der Tugend. Vernünftiger Zwang hierin gegen sich selbst ist Goldes werth für's ganze Leben. Aber zur Liebe zum Studium, die gepflegt sein will, gehört nicht blos, daß man in seiner ganzen Lebensweise, sondern auch daß man in seinen Arbeiten Ordnung halte. Allein Pendanterie und zu langes Arbeiten, so wie gänzliches Entbehren aller Vergnügungen kann auch schädlich wirken. Es ist durchaus nothwendig, auch in dieser Hinsicht fortwährend auf seine Gesundheit zu achten und seinem Geiste die nöthige Ruhe und Kräftigung zu gewähren. Zersplittern Sie Ihre Zeit und Kraft nicht mit Einzelnheiten und Nebenarbeiten!

Gewöhnen Sie sich an, sich stets Rechenschaft zu geben von Allem, was Sie thun und denken. Fragen Sie sich stets: „Warum?“ und denken Sie oft über Ihr vergangenes Leben nach! Halten Sie Abrechnung mit sich selbst! —

Zu diesem Zwecke ist es gut, wenn man über seine Arbeiten und Lebensweise ein Tagebuch führt, denn die Kritik über sich selbst ist die beste. Achten Sie auf die Kraft und die Schärfe Ihrer äußeren Sinne. Stärken und üben Sie Ihr Gedächtniß! Aber lernen Sie nicht blos auswendig! Eignen Sie sich die Kenntnisse selbstdenkend an, damit sie Erkenntniß werden! Wer blos aufnimmt, was ihm Andere sagen, ohne selbst zu denken, der wird niemals auf den Character eines wissenschaftlichen Mannes Anspruch machen können, er bleibt ein Sklave der Meinungen Anderer.

Von großer Wichtigkeit ist die Lectüre. Denn heut zu Tage sind wir nicht mehr im Stande, Alles aus uns selbst zu schöpfen. Wir haben es auch nicht nöthig. Die Wissenschaften haben sich mehr ins Einzelne vertieft, fast könnten sie sich in demselben verlieren. Die Literatur ist umfangreich und wächst von Jahr zu Jahr. Sie will mit Ein- und Umsicht benutzt sein. Der wissenschaftliche Mann eines Faches soll in derselben „zu Hause sein." Meine Herren! Sie fragen: „wie sollen wir dies einrichten?" — Die Lectüre wird allen denen schwer, die sich damit zu befassen haben. Wir academischen Lehrer können gewiß am besten Etwas darüber sagen, denn wir müssen alle Literatur unserer Fächer durchlesen, um alle Forschungen und Theorieen kennen zu lernen und zu beurtheilen. Wir müssen an Vielem lange lesen, um den Zuhörern schließlich sagen zu können, daß die Ausbeute gleich Null und an den Schriften nichts oder nicht viel sei. Gleichwohl aber ist es schwer für uns, Ihnen Regeln darüber zu geben. — An der Spitze dieser Regeln steht: „Man soll Vieles, aber nicht Vielerlei lesen." Multum, non multa! wie das lateinische Sprichwort sagt. Das Vielerlei verwirrt und erdrückt, und führt zu Zeitverschwendung. Im Vielen sind die guten, im Vielerlei auch die schlechten Bücher enthalten, unter welchen die oberflächlichen und leichtsinnigen noch schlimmer sind, als die lügnerischen. Denn sie lullen uns leicht in Halbwisserei hinein.

Hauptsächlich vermeiden Sie eine Lectüre welche Ihnen wenig oder gar Nichts zu denken gibt! Sie verwässert den Geist. Hiervon gibt's nur eine Ausnahme. Wer angestrengt arbeitet, bedarf einer Ausspannung und diese wird dadurch bewirkt, daß man geistig leichte Bücher liest. Dazu wählt man am besten belletristische Sachen, aber auch unter diesen nur die guten. Es ist ein Fehler, vielerlei Bücher aus verschiedenen Fächern in häufiger Abwechselung zu lesen. Dies ist kein Centripetal-, sondern ein Centrifugal-Studium.

In jeder Thätigkeit begibt sich der Geist in eine gewisse Gewöhnung. Der politische Oekonom z. B. hat einen ganz andern Verstand nöthig als der Mediciner, Mathematiker, Jurist, Theologe u. s. w. Daran ist der Gegenstand, die Methode der Forschung, die Art der Begriffs- und Urtheilsbildung Schuld. Wenn Einer anhaltend bei einer Lectüre ist, so wird ihm die Zeit derselben verkürzt, weil sein Geist sich mehr daran gewöhnt und einübt. Der Uebergang ist bei seltnerem Wechsel seltener zu überwinden. Aber dies ist nicht so, wenn man Vieles durch einander liest.

Ferner suchen Sie das Leichtere vor dem Schwereren zu lesen. So lange Sie aber in einer Materie noch nicht zu einer gewissen Festigkeit gekommen sind, lesen Sie auch keine Monographieen, sondern systematische Gesammtwerke! Erst nach Erlangung dieser Festigkeit studiren Sie den Gegenstand in Abhandlungen, die ihn speziell nach verschiedenen Seiten besprechen. Erst dann sind Sie zur Lesung der Zeitschriften vorbereitet. Sie werden es dann hierbei nicht machen, wie die meisten jetzigen landwirthschaftlichen Practiker, die am liebsten nach dem Schlechten greifen, s. g. Auszüge, Recepte und dergleichen lieber lesen, als die gediegenen Untersuchungen, und welche dadurch so viel dazu beitragen, daß die landwirthschaftlichen Zeitschriften großentheils noch erbärmlicher als zahlreich sind. Die periodische Literatur ist ein geistiges Abbild des Standes, für welchen sie bestimmt ist.

Lesen Sie Original-Werke nach gewissen Lebens-Abschnitten immer wieder. Sie werden in Ihrem Thaer, Schwerz, Koppe, sowie in anderen guten Büchern aus älteren Zeiten, verfaßt von geistvollen Männern, immer wieder etwas Neues finden, weil Sie sie immer mit einem gereifteren Geiste lesen, weil es Schriften sind, welche zwar auf Wissenschaft und gründlicher Erfahrung, aber auch auf dem Boden höherer, geistiger originaler Anschauung beruhen.

Bedeutende Schriften liest man statarisch, sorgsam erwägend, langsam, bedächtig, andere cursorisch, schnell, leichterhin. Es gibt Schriften, von denen man sich nicht trennen kann, und wenn auch der Gegenstand weniger gefällt, so wendet sich um so lieber das geistige Auge auf die schöne Form.

Wenn Sie lesen, so lesen Sie stets mit Kritik d. h. mit eigener Urtheilskraft und mit Entgegenhaltung Ihrer eigenen Ansicht, jedoch ohne eigensinnig an Ihrem Systeme festzuhalten, gleichsam widerwillig gegen die Belehrung durch den Verfasser. Sie lesen ja, um belehrt zu werden, und nicht blos um Ihre eigene Ansicht bestätigt zu erhalten. Besserung ist stets mehr werth, als der errungene Standpunkt. Ob es gleich auch ein schöner Zustand ist, wenn man seine eigene Ansicht von Anderen bestätigt findet, so ist es doch auch eben so lohnend, eine bisherige irrige Ansicht aufgeben zu können.

Es ist sehr zweckmäßig, sich beim Lesen stets zum Excerpiren bereit zu halten, nicht blos um ein Material zu gewinnen, sondern auch weil man sich weit mehr und schneller aneignet, was man mit dem Bleistift oder der Feder liest. Bedeutende Werke sollte man eigentlich ganz excerpiren! — So habe ich es in meinen jüngeren Jahren gethan. Man identificirt sich mit solchen Schriftstellern dann am vollständigsten und es prägt sich ihr Alles, — Ganzes und Einzelnes — am leichtesten in den Geist.

Zur Richtschnur für Ihre Lectüre im landwirthschaftlichen Fache kann ich Ihnen Schober's Encyclopädie der Landwirthschaftswissenschaft, nebst einer Uebersicht über die neuere deutsche landwirthschaftliche Literatur, Dresden 1856, als ein zuverlässiges Buch entschieden empfehlen.

Aber mögen Sie lesen, was Sie wollen, vertrocknen Sie nicht! — Die Wissenschaft ist zwar ein schöner Schatz für's Leben; aber sie ist nicht das Einzige! Es gehört zum guten Erfolg des Studiums für's Leben auch eine ästhetische Lectüre, denn sie frischt auf. Jetzt liest man Belletristisches, wie es kommt und geht, und oft nur, um in Gesellschaft davon sprechen zu können. Solche ästhetische Lectüre meine ich aber nicht. Sie sollen mit ihr nicht dem Müßiggange und der Eitelkeit fröhnen. Sie sollen Ihr Herz, Ihr Gemüth erwärmen! Sie sollen sich neue Lebensanschauungen öffnen, und Ihren Sinn fürs Schöne stärken und üben!

Ich glaube, es ist hiermit genug, und erschöpfen könnte ich den Gegenstand niemals. Ihr eigener Takt, der mit der Uebung wächst, muß Ihre Richtschnur sein, und je mehr Sie sich üben, um so geschickter werden Sie in der Auswahl der Lectüre, ja in der Lectüre selbst werden. — Ich schließe.

Fünfte Vorlesung.

Die Wissenschaft der Landwirthschaft.

Meine Herren! Sie haben bisher eine Uebersicht dessen bekommen, was Wissenschaft, was zu deren Studium erforderlich sei, und wie Sie die Hilfsmittel desselben benutzen sollen. Wir wollen nun zum Besonderen übergehen, zu derjenigen Wissenschaft, welche zu studiren Sie sich vorgenommen haben, zur Wissenschaft der Landwirthschaft. In welches Gebiet der Wissenschaften gehört denn nun die Landwirthschafts-Wissenschaft eigentlich?

Ich habe jetzt nicht die Zeit, Ihnen, so wie ich es früher wohl gethan, eine systematische Eintheilung der Wissenschaften zu entwickeln. Da es aber zum wissenschaftlichen Studium eines Faches gehört, zu wissen, welchen Platz dasselbe im ganzen Systeme der Wissenschaften einnehme, so will ich wenigstens angeben, zu welchem Hauptzweige der Wissenschaften die Landwirthschafts-Wissenschaft gehört.

Dies ergibt sich schon aus dem Worte „Landwirthschaftslehre." Sie ist ein Theil der Wirthschaftslehre. — Was ist Wirthschaftslehre?

Meine Herren! Der Mensch beschäftigt sich sein ganzes Leben hindurch damit, sein Rechts- und sein Güter-Gebiet zu erweitern und für sich nutzbar zu machen. Diese Thätigkeit für sein Gütergebiet ist, wie schon Aristoteles gezeigt hat, die

Oeconomie, wörtlich: Haushaltung, welche sich auf die inneren und äußeren, auf die sachlichen und persönlichen, auf die Gesellschafts- und Privatgüter erstreckt. Ein Zweig dieser Haushaltung ist die Thätigkeit, Vermögen und Einkommen zu erwerben, zu erhalten, zu vertheilen und anzuwenden und diese Thätigkeit wird überall Wirthschaft genannt. Die Wissenschaft hiervon ist die „Wirthschaftslehre." Wir besitzen hierfür auch den Ausdruck „Kameral-Wissenschaft." Derselbe erklärt das Ganze und Wesen ihres Inhaltes aber gar nicht. Dieser Name ist aus demjenigen Theile der Staatsverwaltung entstanden, welchen man Kameral-Wesen genannt hat. Das Kameral-Wesen umfaßte die Verwaltung der Bergwerke, Forste, Landgüter, Gewerbe, Regalien, Monopolien, Steuern und Schulden des Staats, und dessen Thätigkeit für das wirthschaftliche Wohlbefinden des Volkes. So wie sich das Kameralwesen weiter ausbreitete, wuchs natürlich auch das Bedürfniß einer gründlichen Ausbildung der Kameralbeamten und so entstand ein Cyklus von Wissenschaften über alle jene Gegenstände, den man immer noch Kameral-Wissenschaft nennt. Daß dies nun aber die Wirthschaftslehre ist, daran ist kein Zweifel, wenn man wahrnimmt, wie sich die Zweige jener Kameralwissenschaft allmälig zur Bergbaulehre, Forstwirthschaftslehre, Landwirthschaftslehre, Kunstgewerbs- und Handelslehre, Gemeinde-, Volks- und Staatswirthschaftslehre entwickelten, und wie diese ihre Zweige nichts anderes lehren, als Vermögen und Einkommen zu erwerben, zu erhalten, zu vertheilen und anzuwenden. Diese Kameralwissenschaft oder Wirthschaftslehre war zuerst ein systemloses Conglomerat und erst nach und nach im Verlaufe der letzten anderthalb Jahrhunderte ist das Gemeinsame und Besondere in den Grundsätzen der einzelnen Zweige gefunden und daraus ein System geschaffen worden.

Man hat die Wirthschaftslehre eingetheilt in einen allgemeinen und in einen besonderen Theil. In Ersterem werden die allgemeinen Grundsätze, welche für jeden einzelnen Wirthschaftszweig passen, vorgetragen. Derselbe zerfällt wieder in Erwerbs- und Hauswirthschaftslehre, welche Letztere die allgemeinen Grundsätze der Erhaltung, Vertheilung und Verwendung von Vermögen und Einkommen im Hauswesen behandelt, welches sich in verschiedener Art und Ausdehnung bei dem Einzelnen, der Familie, der Gemeinde, dem Volke und dem Staate, wie in jedwedem Wirthschaftszweige findet. Der zweite Haupttheil der Wirthschaftslehre, die besondere Wirthschaftslehre, zerfällt nach den wirthschaftenden Personen in die Lehre von der Einzel- und Gesellschafts-Wirthschaft, von der Gemeinde-, Volks- und Staatswirthschaft. Da aber die Erst- und Zweitgenannte, die Einzel- und Gesellschaftswirthschaft, sich von den übrigen dadurch unterscheiden, daß diese übrigen öffentlich sind, so hat man die besondere Wirthschaftslehre in Privat- und öffentliche Wirthschaftslehre eingetheilt, oder auch kurzweg in Privat-, Gemeinde-, Volks- und Staats-Wirthschaftslehre.

Die Privatwirthschaftslehre dagegen hat man weiter eingetheilt in Bergbaulehre, Forstwirthschaftslehre, Landwirthschaftslehre, Kunstgewerbslehre (Technologie), Handels- und Dienstgewerbslehre.

So ist die ganze Kameralwissenschaft oder die ganze Wirthschaftslehre in ein System gebracht und als ein Hauptzweig der Wissenschaften abgerundet worden.

Die Landwirthschaftslehre ist also ein Theil des Cyklus der Wissenschaften, den man Kameralwissenschaft oder Wirthschaftslehre nennt.

Meine Herren! Hieraus werden Sie nun aber die Hauptlehre ziehen, daß das wissenschaftliche Studium der Landwirthschaftslehre ein kameralistisches Studium ist, wie das der Forstwissenschaft, Bergbaulehre und so weiter. Daraus geht hervor, daß das Studium der Landwirthschaftslehre, wenn es wissenschaftlich sein soll, nicht für sich allein betrieben werden darf, sondern im organischen Zusammenhange mit der ganzen Wirthschaftslehre überhaupt betrieben werden muß. Das heißt, meine Herren, Sie müssen die Landwirthschaft vom allgemein-, privat-, volks- und staatswirthschaftlichen Standpunkte wissenschaftlich studiren.

Nachdem Sie nun den Standpunkt der Landwirthschaftslehre im Systeme der Wissenschaften einigermaßen kennen gelernt haben, wollen wir ihren systematischen Inhalt betrachten.

Allein vorher müssen wir erst im Reinen sein, ob die Landwirthschaftslehre wirklich eine Wissenschaft sei.

Man hat diese Frage schon aufgeworfen und deren Bejahung sehr in Zweifel gezogen, sowohl von wissenschaftlicher als auch von practischer Seite. Mit demselben Rechte kann man auch fragen, ob die Medicin eine Wissenschaft sei.

Die Zweifel an der Fähigkeit der Landwirthschaft, eine Wissenschaft zu sein, sind daher entnommen worden:

1) daß bei der Landwirthschaft so viel practische Einsicht oder so viel practische Kunst nöthig ist, deren Besitz und Uebung von dem practischen Takte, Talente u. s. w. des Betreibenden abhängt, — und
2) daß die Landwirthschaft an und für sich auf Erfahrung beruht, und zwar in der Weise, daß sehr vieles von ihr sich in wissenschaftlicher Form und Begründung nicht lehren läßt.

Ganz dasselbe läßt sich ebenfalls von der Medicin sagen.

Diese beiden Wissenszweige, ob Wissenschaften oder nicht, haben aber noch etwas Anderes mit einander gemein, nämlich daß sie bedeutende Quellen für solche Lehrsysteme sind, welchen man den Character der Wissenschaftlichkeit nicht mehr abzusprechen wagt.

Der Medicin verdankt man einen bedeutenden Theil der Entwickelung der Anatomie und Physiologie des menschlichen und thierischen Körpers, sowie eine beträchtliche Menge von Versuchen und Erfahrungen über die Wirkung gewisser Stoffe auf den menschlichen und thierischen Organismus. Ganz ebenso ist es mit der Landwirthschaft, und keine Zeit hat dies so klar hingestellt als die jetzige. Die Landwirthschaft hat für Naturwissenschaften, namentlich für Chemie und Pflanzenphysiologie, größere Fortschritte ermöglicht, als ohne sie gemacht worden wären.

Allein es wird anderseits darauf gerade hingewiesen, daß eben auf Grund und mit Hilfe wiederum dieser Wissenschaften, und nicht an und aus sich selbst, die Landwirthschaftslehre den Standpunkt erlangt habe, auf welchem sie jetzt Platz in dem Kreise der Wissenschaften zu begehren sich für berechtigt hält.

Die Wahrheit liegt nach meiner Ansicht in der Mitte. Man muß unterscheiden. Nehmen wir die Summe von Kenntnissen, welche durch „Landwirthschaftslehre" bezeichnet wird, so dürfte es allerdings keine geringe Schwierigkeit machen, zu zeigen, daß dieselbe an und für sich genommen, wie sie von mir so eben bezeichnet worden ist, oder in und durch sich selbst eine Wissenschaft sei. Wenigstens kann sie sich nicht aus ihrer eigenen und alleinigen Forschungsquelle, der Beobachtung und Erfahrung, feste, als wahr erweisbare Grundsätze bilden. Sie bedarf hierzu viel mehr, wie die Medicin, verschiedener Grund- und Hilfswissenschaften, an deren Hand sie ihre Erfahrungen prüft, Versuche macht, Grundsätze bildet und beweist. Vereint mit diesen Wissenschaften bildet die Landwirthschaftslehre die Landwirthschaftswissenschaft. Durch dieselbe wird sie selbst zur Wissenschaft.*)

*) Nachtrag. Der berühmte Tübinger Philologe Nicodemus Frischlin sagte im J. 1578 in seiner berühmten Rede de re rustica: Man meint, die Landwirthschaft erfordere keine Kunst oder Wissenschaft. Im Gegentheile, sie hängt mit Naturwissenschaft, Geographie und Astronomie zusammen und ist daher eine freie und edle Kunst und Beschäftigung. Schon Columella beklagt, daß es keine Ackerbauschule gebe. s. D. Fr. Strauß Leben und Schriften des Dichters und Philologen Nico-

Wir müssen also die eigentliche Landwirthschaftslehre von der ganzen Landwirthschaftswissenschaft unterscheiden, und sie unterstützt von den Grund- und Hilfswissenschaften und organisch verbunden mit diesen nehmen, wenn wir sie wissenschaftlich auffassen wollen.

Unter Landwirthschaftswissenschaft verstehe ich den ganzen Kreis von Wissenschaften, von denen das ganze Wissen abhängt, welches den wissenschaftlich gebildeten Landwirth ausmacht, und von dieser ist die Landwirthschaftslehre derjenige Theil, welcher den Mittelpunkt bildet, den Mittelpunkt als Erfahrungsquelle der Erkenntniß und als Anwendungsfeld der Grund- und Hilfswissenschaften.

So fassen Sie dieselbe auf, meine Herren, und fragen nun: Welches sind die Haupt-, welches die Grund- und Hilfswissenschaften der Landwirthschaftswissenschaft?

Allein, wenn Sie sich zu wissenschaftlichen Landwirthen ausbilden wollen, so wird die eigentliche Landwirthschaftslehre nicht allein Ihre Hauptwissenschaft sein, sondern auch noch diejenigen Wirthschaftslehren, welche die übrigen Zweige wirthschaftlicher Hervorbringung und Verwendung lehren, die mit der Landwirthschaft organisch verbunden betrieben zu werden pflegen.

Derjenige aber, welcher Landwirthschaft betreibt, hat es, wenn auch nicht immer und überall, doch oft und möglicher Weise mit Folgendem zu thun:

1. Mit dem Lande und den Thieren, welche, und in wie weit sie sich gegenseitig in ihrer Existenz bedingen, also zusammen gehören. Der Wissenschaftszweig nun, welcher sich damit beschäftigt, ist die Landwirthschaftslehre.

2. Mit verschiedenen Kunst- oder technischen Gewer-

---

demus Frischlin. Frankfurt a. M. 1856 S. 176. S. übrigens Columella de re rustica. Praefatio §. 4–6. Lib. XI. cap. 1. §. 10—12 (Edit. Gessner.). Auch Varro de re rustica Lib. I. cap. 3.

ben, welche mit der Landwirthschaft organisch verbunden vorkommen und von welchen das Verbreitetste das manchfache Technische in der Hauswirthschaft und die Molkerei mit all ihren Zweigen, demnächst das Mühlenwesen, ein weniger verbreitetes als diese die Branntweinbrennerei, noch weniger die Zucker-, Syrup-, Stärke-Fabrikation, ein noch weniger verbreitetes die Bierbrauerei ist. Aber ein Kunst-Gewerbszweig berührt jeden Landwirth, es ist dies die Baukunst, so weit sie sich auf das landwirthschaftliche Bauwesen bezieht, und doch ist die Kenntniß keines der technischen Gewerbe weniger verbreitet. Gebäude sind ein unerläßliches Bedürfniß des landwirthschaftlichen Betriebes und die Kenntniß von ihrer Construction Veranschlagung und Schätzung ist von der größten Wichtigkeit. Ein Aehnliches, ja Gleiches gilt vom Wege- und Wasserbaue. Bei der Baukunst ist zu unterscheiden:

a) die eigentliche Gebäude-Baukunst und

b) die landwirthschaftliche Wege- und Wasser-Baukunst.

Diese Kunst ist aber, wie jedes andere Kunstgewerbe, ein Zweig der Technologie überhaupt. Es ist also die landwirthschaftliche Technologie ebenfalls eine Hauptwissenschaft.

3. Kommt hier als Haupt-Gegenstand auch noch die Pflege von Waldbäumen in Betracht, überhaupt die Pflege solcher Bäume und Sträucher, welche nicht zu den Obst- und Fruchtbäumen oder Sträuchern gehören, — in einem ungeschlossenen zerstreuten oder in einem geschlossenen geringen oder mäßigen Bestande, als Waldbau. Denn der Wald- oder Forstbetrieb als selbstständiges Geschäft fordert ein größeres Maaß und ist dann nicht mehr mit der Landwirthschaft organisch verbunden, sondern Forstwirthschaft für sich allein. Aber nach den Grundsätzen der Forstwirthschaft wird auch bei der Pflege jener Einzelpflanzungen und geschlossenen kleineren Parthien verfahren. Die dritte Hauptwissenschaft ist sonach die Forstwirthschaftslehre.

Ich glaube nicht, daß Sie noch einen vierten Hauptbestandtheil des landwirthschaftlichen Studiums, überhaupt noch einen solchen werden finden können, welcher nicht seinem Wesen nach in die Vorigen gehörte. Denn der oft mit der Landwirthschaft verbundene Torfstich, Stein-, Sand- und Mergel-Grubenbau bildet noch keinen Bergbau, und der Ein- und Verkauf von Producten und Fabrikaten noch keinen Handel, gelegentlicher Fuhr- und Frachtdienst noch kein Dienstgewerbe. Andere Gewerbszweige des Landwirthes gibt es nicht. Diese drei Hauptgewerbslehren werden wir nun zu betrachten haben.

Wir finden bei allen dreien zwei wesentlich unterscheidbare Theile, in welche Jede zerlegt werden muß. — Wir finden bei allen dreien Folgendes.

Gewisse Kenntnisse oder Grundsätze und Regeln beziehen sich nur auf einzelne Processe oder Geschäfte in diesen Zweigen der Wirthschaft.

So lehrt man in der Landwirthschaft z. B. das Pflügen, den Werth und den Gebrauch von Geräthen und Maschinen, ferner das Düngen, die Beschaffenheit und Klassification des Bodens, im Allgemeinen die Saat, die Behandlung der Pflanzen und die Erndte, dasselbe aber auch im Besonderen hinsichtlich verschiedener Pflanzen, die Aufzucht und die Pflege landwirthschaftlicher Thiere im Allgemeinen und einzelner Gattungen und Rassen. Man lehrt in der landwirthschaftlichen Technologie z. B. das Verfahren in der Molkerei, in der Brennerei u. s. w., die vorzunehmenden einzelnen und zusammenhängenden Proceduren dabei. In der Forstwirthschaftslehre werden Lehren von der Beschaffenheit, Klassification und Bearbeitung des Bodens, Grundsätze über die Natur, Saat, Pflanzung, Aufzucht und Pflege der Waldbäume u. s. w. vorgetragen; so auch die Jagd, eine Parallele zur Thierzucht in der Landwirthschaftslehre.

Dieser Theil einer jeden dieser Hauptwissenschaften wird Gewerbslehre oder auch Productionslehre genannt, z. B. landwirthschaftliche, technische, forstwirthschaftliche Gewerbs- oder Productionslehre.

Dies kann Mancher studirt haben und sehr wohl wissen und doch nichts desto weniger ein landwirthschaftlicher Querkopf sein, wenn er es nicht versteht, von diesen Lehren oder Proceduren im organischen Zusammenhange Gebrauch zu machen. — Was nützt es Ihnen, wenn Sie die Grundsätze der Viehzucht genau wissen, in jedem Zweige derselben die Vieh-Rassen auf das Beste kennen, aber doch nicht beurtheilen können, in welchem Verhältnisse zu einander und zum Feldbaue Sie die Zweige der Viehzucht einrichten und betreiben sollen? — Was nützt Ihnen die genaueste Kenntniß der Grundsätze der Acker- und Saatbestellung, wenn Sie von der Fruchtfolge nichts verstehen? — Was nützt es Ihnen, wenn Alles, woraus ihr landwirthschaftlicher Besitz besteht, lose um Sie herum liegt und wenn Sie es nicht verstehen, die verschiedenen Quellen der Hervorbringung zusammenzuhalten und in einem organischen Ganzen auszunützen? — Was nützt es Ihnen, den Wald vor Bäumen, die Brennerei vor Maischgeräthen nicht sehen? — Sie fühlen, meine Herren! daß hierzu noch Etwas kommen muß, was jenes Einzel-Wissen erst recht nutzbar macht und wodurch Sie in den Stand gesetzt werden, aus Ihrer Wirthschaft im Zusammenhange einen möglichst hohen Reinertrag zu erlangen.

Es gibt nun noch einen zweiten Theil jener Wirthschaftslehren, welcher von den Grundsätzen und Regeln handelt, wie man die verschiedenen Productions- oder Gewerbsmittel und die verschiedenen bewußten Proceduren in einen organischen Zusammenhang bringen und sie in diesem zusammenhaltend leiten soll, um den größtmöglichen Erfolg, namentlich Reinertrag, hervor zu bringen. Man muß nicht blos wissen im Gewerbe zu produciren, sondern man muß auch wissen es zu betreiben, den Betrieb desselden verstehen, und daher nennt man den zweiten Theil die Betriebslehre, — landwirthschaftliche, kunstgewerbliche, forstwirthschaftliche Betriebslehre.

Die Erstere und Letztere stehen auf dem Stundenplane, den Sie in Händen haben, die Zweite nicht. Gleichwohl hat auch die Technologie eine Productions- oder Gewerbs- und Betriebslehre, nur wird diese in der landwirthschaftlichen Betriebslehre gelehrt, in so weit und weil in derselben der Betrieb der landwirthschaftlichen Kunst-Gewerbe in seinem Verhältnisse zum Feldbau und zur Thierzucht abgehandelt wird.

Wir haben uns nunmehr mit dem Inhalte und den Theilen einer jeden dieser beiden Hauptabtheilungen der drei Wirthschaftslehren bekannt zu machen.

Die Landwirthschaft an und für sich hat es nächst dem Boden mit Pflanzen und Thieren zu thun, deren Existenz sich gegenseitig bedingt. Die landwirthschaftliche Gewerbs- oder Productionslehre hat daher zwei wesentliche Theile, nämlich

I. Die Landbaulehre. Diese zerfällt gerade in so viel Theile, als es verschiedene Arten Land gibt. Der Wald oder Forst ist hier ausgenommen, weil er Gegenstand der Forstwirthschaftslehre ist, und es bleiben uns nur noch Feld und Garten übrig. Denn Wald, Feld und Garten sind die drei Kategorien von Land. Wir haben also die Feld- und Gartenbaulehre zu unterscheiden.

A. Die Feldbaulehre hat es mit ungemein Verschiedenartigem zu thun und es ist eben die Aufgabe der Wissenschaft, dieses Bunte in eine logische Ordnung zu bringen. Man hat gefunden, daß gewisse Grundsätze bei allem noch so verschiedenen Feldbau immer wieder vorkommen und Andere sich nur auf gewisse Zweige desselben beziehen.

Man hat daher in dieser Wissenschaft allgemeine und besondere Grundsätze, einen allgemeinen und einen besonderen Theil unterschieden, um systematisch zu verfahren. Wie ist nun der allgemeine Theil, die allgemeine Feldbaulehre, einzutheilen? — Es kann sich hier nur um die allgemeinen Grundsätze und Regeln handeln, welche sich auf den Boden und seine Bearbeitung, auf die Saat, Pflanzung und Erndte beziehen.

1. Die allgemeine Feldbaulehre zerfällt daher in:

a) die Bodenkunde, die Lehre von den verschiedenen Arten des Bodens, ihrer Beschaffenheit und Wirkung (auch Agronomie genannt);

b) die Boden-Bearbeitungslehre. Sie ist eine mechanische und eine chemische. Erstere können Sie Boden-Gestaltungs- und Letztere Boden-Mischungs-Lehre nennen. Die Boden-Gestaltungslehre oder der mechanische Theil schließt auch die Urbarmachung und die Kenntniß von den verschiedenen Instrumenten, Geräthen und Maschinen in sich, so weit diese zur Bodenbearbeitung benutzt werden. Die Bodenmischungslehre oder der chemische Theil umfaßt die Lehre von der Bodenmengung und der Bodendüngung, die Düngerlehre.

c) die Saat- und Pflanzungslehre. Sie handelt ab: die Lehre von der Saatwahl und Saatbehandlung, von den Methoden des Pflanzens, von der Pflege der Feldpflanzen, also auch vom Erkennen, Verhüten und Heilen der Krankheiten der Pflanzen. Die Lehre von den Pflanzenkrankheiten ist daher keine Hilfs-, sondern ein Zweig der Hauptwissenschaft von der Landwirthschaft.

d) die Lehre von der Erndte und weiteren Gewinnung der Erzeugnisse mit der von den zu ihr gehörenden Geräthen und Maschinen.

Was ich hier mit allgemeiner Feldbaulehre bezeichnet habe, wird gewöhnlich allgemeine Acker- und Pflanzenbaulehre genannt.

2. Die besondere Feldbaulehre zerfällt in so viele

Theile, als es Arten von Feld gibt, also in Acker-, Wiesen- und Weide-Baulehre.

a) Die Ackerbaulehre behandelt den Acker-Pflanzenbau im Einzelnen und zerfällt in so viele Theile als es verschiedene Acker-Culturpflanzen gibt.

b) Die Wiesen- und Weidebaulehre, wird ebenfalls eingetheilt nach den verschiedenen Arten von Wiesen und Weiden. Ich brauche die besonderen Abtheilungen dieser beiden Zweige nicht hier schon auseinander zu setzen.

Ich habe vorhin gesagt, die Landbaulehre zerfalle in Feld- und Gartenbaulehre, Erstere wieder in einen allgemeinen und in einen besonderen Theil und so weiter. Ganz eben so ist es mit der

B. Gartenbaulehre. Auch diese wird eingetheilt in allgemeine und besondere. Der Gartenbau ist ja doch nichts Anderes als der Feldbau auf umzäunten kleineren Flächen, von ausgesuchter Lage, in der höchsten Veredlung und Verfeinerung. So wie im Gartenbau alle Werkzeuge in der Regel weit kleiner und feiner sind, so sind auch die Proceduren weit sorgsamer und wechselnder. Im Feldbau wechseln sie nach Jahreszeiten, im Gartenbau nach Tageszeiten. Der Feldbau ackert, mengt und düngt den Boden in Schlägen, der Gartenbau in Beeten, ja in Bijoux-Töpfen. Der Feldbau zieht Pflanzenarten und Abarten in geringer Zahl, der Gartenbau Varietäten und Individuen in fast zahlloser Menge. Die allgemeine Gartenbaulehre hat ganz dieselben Theile wie die allgemeine Feldbaulehre. Die besondere Gartenbaulehre zerfällt nach den Kategorien der Gärten in Blumen- und Zier-, Obst- und Gemüsegartenbau-Lehre. Unter dem zweiten Zweige verstehe ich die Lehre von der Anlage und Pflege einzelner Gesträuchbeete, der ganzen Ziergärten und der großen Parke, sowie die Lehre von der gärtnerischen landschaftlichen Verschönerungskunst.

Hiermit ist der erste Theil der landwirthschaftlichen Gewerbslehre abgeschlossen. Der zweite Theil derselben ist:

II. Die Thierzuchtlehre. Sie zerfällt aus gleichen Gründen, wie die Feldbaulehre, in einen allgemeinen und besonderen Theil, oder allgemeine und besondere Thierzuchtlehre.

A. Die allgemeine Thierzuchtlehre wird in drei Theile getheilt, deren einfache Aufzählung Ihnen schon genügen wird, ohne daß ich jeden besonders begründe. Sie enthalten die Lehren

1) von der Anschaffung und Paarung,

2) von Zucht und Pflege, und

3) von der Fütterung und Mästung der in der Landwirthschaft zu ziehenden Thiere.

Zur zweiten dieser Abtheilungen gehört, wie sich von selbst versteht, die Kenntniß von den Gesundheits- und Krankheitszuständen der landwirthschaftlichen Thiere, und von den Mitteln, die Ersteren zu pflegen und die Letzteren zu erkennen und, wenigstens so weit es Sache des Landwirthes sein kann, zu heilen. Daher ist die Gesundheitspflege und die Thierheilkunde hinsichtlich der landwirthschaftlichen Thiere ein Theil der allgemeinen Thierzuchtlehre. Es sollen dadurch an landwirthschaftlichen Lehranstalten durchaus keine Thierärzte gebildet werden. Hierzu gehört weit mehr, als sie hierin leisten können. Die Thierheilkunde wird an ihnen nur aus dem Gesichtspunkte der Thierzucht vorgetragen, wie die Gesundheitspflege. Der wissenschaftliche Landwirth soll eine Kenntniß erhalten über den gesundheitlichen Normal- und über den krankheitlichen abnormen Zustand seiner landwirthschaftlichen Thiere, auch soll er lernen in gewöhnlichen Fällen die geeigneten leicht bereit zu haltenden Gegenmittel und Hilfsleistungen anzuwenden und anderseits unterscheiden zu können, ob überhaupt und schleunig ärztliche Hilfe nöthig ist, oder nicht. Die besondere Pflicht der Herren Landwirthe ist aber die Gesundheitspflege, an deren Hand dieselben als Züchter sehr oft den Thierarzt unnöthig machen können, wenn sie stets die Regeln der Gesundheitspflege beobachten, wie leider meistens nicht geschieht. Gesundheitspflege und Thierheilkunde sind also auch Haupt-Wissenschaften des landwirthschaftlichen Studiums.

B. Die besondere Thierzuchtlehre handelt über die Zucht der verschiedenartigen gebräuchlichen landwirthschaftlichen Thiere, und obgleich dieselbe meistentheils an landwirthschaftlichen Lehranstalten mit Pferde-, Rindvieh-, Schaaf- und Schweinezucht abgeschlossen wird, so gehören doch auch die Fisch-, Federvieh-, Seidenraupen- und Bienenzucht dazu. Beiläufig, meine Herren, können Sie hieraus ersehen, daß der Ausdruck „Viehzucht" statt „Thierzucht" unrichtig ist, da Fische, Bienen und Seidenraupen zwar Thiere, aber kein Vieh sind.

Hiermit ist die landwirthschaftliche Gewerbs- oder Productionslehre abgeschlossen. Ich wende mich daher zur Betriebslehre. Dieselbe handelt von 5 Hauptgegenständen. Sie sind folgende:

1. die Bedürfnisse des landwirthschaftlichen Betriebes, namentlich Boden, Kapital, Arbeit, Betriebsamkeit und Verkehrsverhältnisse;

2. die Organisation des Betriebes, insbesondere die Fragen über Selbstverwaltung und Pacht, die Organisation des Beamten- und Arbeiterwesens in seiner ganzen Ausdehnung;

3. die Leitung des Betriebes. Dahin gehören

a) die Wirthschafts-Systeme, wie solche aus Feld- und Gartenbau, Thierzuchtszweigen, technischen Gewerben u. s. w. zu bilden sind;

b) die Ackerbau-Systeme, insbesondere die Fruchtfolge, mit Berücksichtigung der Wirthschafts-Systeme;

c) Grund- und Lagerbücher, deren Anlegung und Fortführung.

4. Die Betriebs-Wirthschaft, namentlich

a) Ausgaben und Einnahmen, Kassenwesen;

b) Buchführung.

5. Das Verfertigen von Anschlägen. Diese sind

a) Ertrags- und Werths-Anschläge, verschieden nach Wesen und Formen, und erfordern

b) Bonitirung, und die Kenntniß vom

c) Taxations-Verfahren.

Diese Theile umfassen Alles, was ich mit Betrieb und Betriebslehre bezeichnet habe. Sie lehren die zusammenhaltende Organisation und die Leitung dieses organisirten Betriebes zum Zwecke größtmöglichen Erfolges, insbesondere Reinertrages.

Dies ist das System der eigentlichen Landwirthschaftslehre. Man kann dasselbe, je nach der dem Unterrichte gestellten Aufgabe, bald mehr übersichtlich oder encyclopädisch ausfüllen, bald mehr ins Einzelne seines Inhaltes eingehend lehren. Im ersteren Falle genügt eine Darstellung der Landwirthschaftslehre in einer einzigen Vorlesung während eines Semesters, und eine solche zu halten oder zu hören empfiehlt sich für diejenigen Studirenden, welche entweder des genaueren Studiums der einzelnen Zweige gar nicht bedürfen oder ihr Studium nach dem Hören der Vorlesungen über die einzelnen Zweige der Landwirthschaft zum Schlusse nochmals concentriren wollen. Für landwirthschaftliche höhere Lehranstalten aber hat man es als zweckmäßig erachten zu müssen geglaubt, das ganze System der Landwirthschaftslehre in einzelne besondere Vorlesungen zu theilen. Das Bedürfniß und der Grad dieser Zertheilung ist indessen relativ und manchfachem Wechsel unterworfen. Je mehr zersplittert wird, um so weiter muß der Inhalt ausgesponnen werden. Damit ist aber nicht blos leicht Zeitverschwendung, sondern auch die Gefahr verbunden, daß die Wissenschaftlichkeit eingebüßt wird.

Was die Technologie und Forstwirthschaftslehre anbelangt, so ist deren Systematik im Wesentlichen dieselbe, wie die der Landwirthschaftslehre. Dazu kommt, daß sie an landwirthschaftlichen Lehranstalten nur theils mit Auswahl der Gegenstände theils in mehr encyclopädischer Form vorgetragen zu werden brauchen. Ich fürchte Sie mit der Fortspinnung des Vortrages über Systematik zu sehr zu ermüden, unterlasse deßhalb die besondere systematische Darstellung dieser beiden Hauptzweige Ihres Studiums und schließe meine heutige Vorlesung.

Sechste Vorlesung.

Grund- und Hilfswissenschaften.

Meine Herren! Heute will ich es versuchen, Ihnen die Grund- und Hilfswissenschaften des landwirthschaftlichen Studiums, das Verhältniß derselben zu den Hauptwissenschaften, und den Grad der Vollständigkeit, bis zu welchem sie zu betreiben sind, auseinanderzusetzen.

Man hat schon versucht, die Grundwissenschaften von den Hilfswissenschaften dadurch zu unterscheiden, daß man zu diesem Zwecke sagte: die Ersteren seien die Wissenschaften, welche den Hauptwissenschaften zur Grundlage dienten, und die Zweiten seien diejenigen, welche den Hauptfächern zur Unterstützung dienten. Allein ich habe einen scharfen Unterschied zwischen diesen Begriffen bis jetzt nicht entdecken können. Denn auch die Grundwissenschaften dienen den Hauptfächern zur Unterstützung, und wenn die Hilfswissenschaften ihnen nicht auch als Grundlage dienten, so wüßte ich nicht, wozu sie ihnen helfen sollten. — So sagt man z. B. eine Grundwissenschaft der Landwirthschaftslehre sei die Chemie und eine Hilfswissenschaft derselben die Thierheilkunde. Ich kann jedoch diesen Unterschied nicht zugeben, um so weniger, als die Thierheilkunde und die Lehre von der Gesundheitspflege überhaupt nicht bloße Grund- und Hilfswissenschaften, sondern sogar Hauptwissenschaften der Landwirthschaftslehre sind.

Ich kann als Grundwissenschaft der Landwirthschaftslehre nur diejenige Wissenschaft erkennen, ohne welche weder die Haupt= noch Hilfswissenschaften, also überhaupt nicht die Landwirthschafts=wissenschaft, möglich sind. Eine solche ist nur die Logik, die Denklehre, von welcher die richtige Methode der Forschung und die Systematik der Darstellung schlechterdings in allen Wissenschaften abhängt. Ohne diese ist das wissenschaftliche Studium auch der Landwirthschaft undenkbar. Ich bedauere in hohem Grade, daß sie von dem Studienplane der landwirthschaftlichen höheren Lehranstalten ausgeschlossen ist, oder vielmehr, daß unsere Zuhörer an denselben in der Regel dieselbe nicht studirt haben. Gleichwohl müssen wir es voraussetzen! — Was wir aber jetzt weiter zu betrachten haben, das sind nur Hilfswissenschaften.

Meine Herren! Sie werden gewiß bald begreifen, daß die Hilfswissenschaften für die Productions= oder Gewerbslehre andere sind als für die Betriebslehre, und so unterscheide ich sogleich:

I. Hilfswissenschaften für die Gewerbslehre. Diese sind:

1) Naturwissenschaften und

2) mathematische Wissenschaften.

Denn diese liefern die Hilfslehren über die einzelnen Vorgänge und Verfahrungsweisen bei der gewerblichen Hervorbringung und Umgestaltung der Erzeugnisse.

In den Naturwissenschaften haben wir zwei Hauptklassen zu unterscheiden, nämlich

a) Naturwissenschaften, welche Naturkörper beschreiben und systematisch darstellen, ihr Vorkommen erklären, ihre Entstehung und Entwickelung erzählen und, sofern sie Leben besitzen, ihre Lebensweise auseinandersetzen.

Sie werden im Allgemeinen mit „Naturgeschichte“ bezeichnet, und umfassen die sogenannten drei Reiche der Natur.

b) Naturwissenschaften, welche sich mit der Erklärung der Naturkräfte und -Erscheinungen beschäftigen. Ich nenne sie der Kürze wegen „Naturlehre" im Allgemeinen.

Die Naturgeschichte hat die bekannten Theile: Zoologie, Botanik, Mineralogie. Allein diese bloße Aufzählung genügt nicht. Ich habe sie Ihnen näher zu characterisiren. Das Characteristische dieser drei Zweige der Naturgeschichte besteht in drei Haupt-Punkten:

1) in der Beschreibung der Thiere, der Pflanzen, der Lebensweise Beider, und der Mineralien;
2) in der Systematik oder Darstellung des naturgeschichtlichen Systems von Gattungen, Arten u. s. w. eines jeden dieser Zweige;
3) in der Geographie d. h. der Lehre von dem Vorkommen und der Verbreitung derselben auf der Erdoberfläche, beziehungsweise in der Erdrinde.

Die Geographie der Mineralien führt auf zwei weitere Hilfs-Wissenschaften. Dies sind die Geologie und Geognosie, die Geschichte der Erde, und die Wissenschaft von der Schichtung der Erdrinde und deren Zusammensetzung. Aus ihnen schöpft indessen nicht blos die Mineralogie, sondern auch die Botanik und Zoologie in geographischer und historischer Hinsicht, außerdem aber auch die Bodenkunde, Bodenbearbeitungslehre, der Feld- und Gartenpflanzenbau und die besondere Thierzuchtlehre.

Von diesen naturgeschichtlichen Hilfswissenschaften lassen sich bekannter Maaßen die Studirenden, besonders wenn sie „in anderthalb Jahren fertig werden" wollen, allenfalls die Botanik und diese nur mit Ausnahme der Pflanzengeographie gefallen. Die anderen gelten theils für unnöthig theils für langweilig. „Zoologie? — Andere als die gewöhnlichen landwirthschaftlichen Thiere züchte ich nicht." — „Mineralogie? Geologie? Geognosie? — Auf Steinen baue ich nichts, ich schaffe sie hinweg, mein

Feld ist die Ackerkrume, nicht der Bauch der Erde." — „Pflanzengeographie? — Mich geht in dieser Hinsicht wenigstens Südeuropa und jeder andere Welttheil nichts an." So, meine Herren! hört man sagen, und vielleicht um so lieber, je weniger man den Fachlehrer persönlich liebt. Allein dergleichen Redensarten sind nicht blos hohl und grundlos, sondern Beweise bedauerlicher Verblendung. Wer so spricht, der thäte besser, sofort auf höhere landwirthschaftliche Ausbildung überhaupt zu verzichten. Denn nicht blos hat er keinen Begriff von Wissenschaftlichkeit, sondern auch keinen wahren Trieb nach Erkenntniß. Er ist von beschränktem Gesichtskreise und will nichts lernen. Er übersieht, daß die Mineralogie, Geologie und Geognosie ihn über die Entstehung und Bestandtheile seiner Ackerkrume, über die Oertlichkeiten, wo er Torf, Mergel, Kalk, Sand und dergleichen finden wird, aufklärt. Es entgeht ihm, daß die Geographie der Pflanzen und Thiere ihm den örtlichen Ursprung, natürlichen Standort und Aufenthalt derselben, die natürlichen Bedingungen ihrer Existenz, ihre Arten, Varietäten, Rassen und Schläge erklärt. Er hat keine Vorstellung davon, daß die Zoologie die Kennzeichen und Unterschiede der Thiere, an der Hand des Systems, darthut, ihre Lebensweise enthüllt, und auch die vielen der Haus- und Landwirthschaft schädlichen Thiere, und die ihrer Existenz und Vermehrung förderlichen und verderblichen Gegenstände und Ereignisse aufdeckt. Meine Herren! Bedauern Sie solche Kurzsichtigkeit und solch' eingebildetes Wesen, für welches jeder Grund der Entschuldigung, geschweige denn der Anerkennung, fehlt!

Besondere Vorlesungen über Mineralogie können hier freilich wohl noch am ehesten entbehrt werden, weil Chemie und Bodenkunde über die Mineralkörper, deren Entstehung, Zusammensetzung und Vorkommen manchen Aufschluß geben. Aber eine Lücke bleibt dann noch immer, denn Naturgeschichte ist etwas wesentlich Anderes als Naturlehre.

Was aber die Naturlehre anbelangt, so sind:

1) Anatomie und Physiologie der Hausthiere,

2) Anatomie und Physiologie der Pflanzen,

3) Physik, besonders Klimatologie und Meteorologie, weil sie in nächster Beziehung zu der Landwirthschaft stehen, und endlich

4) die Chemie

die aus ihrem Gebiete erforderlichen Hilfswissenschaften.

Die Erstere, die Anatomie und Physiologie der Hausthiere, wird gewöhnlich an höheren landwirthschaftlichen Lehranstalten auf die Haus-Säugethiere beschränkt vorgetragen, weil diese unter den landwirthschaftlichen Thieren die wichtigsten sind. Allein, im wissenschaftlichen Sinn kann dies nicht genügen. Die Anatomie und Physiologie des Federviehes, der Fische, Bienen und Raupen ist an sich von Wichtigkeit und Interesse, würde aber auch zur Vergleichung mehr Gelegenheit bieten. Leider sagt man aber, es würde dann viel mehr Zeit kosten und darum hat man nur die Anatomie und Physiologie der Haussäugethiere gewählt und bringt der Zeit Opfer an wissenschaftlicher Gründlichkeit, anstatt Dieser Zeit zu opfern. Ohne diese Wissenschaft ist jede gründliche Verhandlung, Forschung und Erkenntniß in der Thierzuchtlehre unmöglich. Ganz ähnlich ist es mit der Anatomie und Physiologie der Pflanzen, abgesehen von der Naturgeschichte derselben.

Keine Hilfswissenschaft ist strenger als diese Beiden von den Landwirthen, welche wissenschaftliche Fachbildung erstreben, zu betreiben. Denn sie haben es in ihrem Hauptgeschäfte mit dem Leben und der Ernährung, der Gesundheit und Krankheit der Pflanzen und Thiere, und damit zu thun, aus ihren Theilen und Organen, aus ihren Lebensfunctionen, aus ihrer Arbeit Gewinn zu ziehen. Meine Herren! Sie haben es mit den Pflanzen nicht wie der Mediciner oder Pharmaceut zu thun, welcher ihrer als Heilmittel bedarf. Sie haben es noch weit mehr mit den Thieren zu thun als der Thierarzt, der bei diesen nur für abnorme Zustände Mittel zu erforschen und anzuwenden hat. Die Landwirthe bedürfen überhaupt ganz vorzüglich derjenigen Naturwissenschaften, welche Naturkräfte und Natur-Erscheinungen erklären, weil es ihr Wunsch und ihre gewerbliche Aufgabe ist, unter Benutzung, Lenkung, Verstärkung, Mäßigung oder Abhaltung der Wirksamkeit derselben zu produciren.

Man soll ja nicht blos mit den bisher üblichen Thieren und Pflanzen produciren, auch nicht blos die bis jetzt bekannten Theile und Erzeugnisse derselben gewinnen, sondern man will neue Rassen und Schläge von Thieren, neue Varietäten von Pflanzen hervorbringen. Oder, meine Herren! ist es nicht Inzucht, Kreuzung und Anschaffung neuer Stämme, was der Gärtner und Feldwirth mit Pflanzen treibt, ebenso gut wie der Viehzüchter? — Woher rührt das Ausarten unserer Kulturgewächse als von der regellosen Kreuzung im Freien und von den verschiedenen Boden- und klimatischen Verhältnissen? — Und die Grundsätze der Viehfütterung und Mästung, — beruhen sie schließlich auf etwas Anderem als der Anatomie und Physiologie der Thiere? — Der unwissende Ackersmann glaubt an Hexerei, Sympathie und Blutstillen, der denkendere Bauer folgt, ohne Erkenntniß der Gründe, dem Rathe derjenigen, an deren Einsicht und Wahrhaftigkeit er glaubt, — der wissenschaftliche Landwirth muß von den Ursachen und Gründen seines Thuns und Lassens selbstbewußt überzeugt sein.

Was die Physik anbelangt, so meint man gewöhnlich, mit der Meteorologie und Klimatologie sei es genug. Als ob der Landwirth es blos mit dem Wetter zu thun hätte, als ob er es nicht mit den Gesetzen der Schwere, der Dichtigkeit, der Aggregatzustände der Körper, der Elasticität, der Adhäsion, der Durchdringung, der Feuchtigkeit, der Wärme, des Lichts und der Electricität zu thun hätte? Man ist, Gott Lob, so weit gekommen, daß die Kenntniß hiervon jedem Gebildeten ein Bedürfniß ist. Nur die Landwirthe sollen sie nicht nöthig haben? — Und dennoch ist bekannt genug, daß kein Mensch mehr Meteorologie und Klimatologie studiren oder nur begreifen kann, ohne die Lehre von Feuchtigkeit, Wärme, Licht, Electricität, Atmosphäre und dergleichen sich angeeignet zu haben.

Freilich zum Wettermachen wird es die Meteorologie nicht bringen, aber im Wetterprophezeien hat sie an der Hand der Physik und physicalischen Geographie schon anerkennenswerthe Fortschritte gemacht, und die Kritik der alten Bauernregeln, Schäferlehren und dergleichen ist mehr werth als ein blindes Befolgen derselben. Je mehr wissenschaftlich gebildete Landwirthe mit Sachkenntniß meteorologische Beobachtungen an den bekannten physicalischen Instrumenten zu machen verstehen, um so mehr werden sie der Landwirthschaft, sich selbst, und der Wissenschaft nützen.

Ueber die Nothwendigkeit der Chemie als Hilfswissenschaft des landwirthschaftlichen Studiums ist nun kein Zweifel mehr. Indessen gar lange her ist es noch nicht, daß man das chemische Studium für Bedürfniß hält. Liebig's Wirken als Schriftsteller und Lehrer hat dazu das Meiste beigetragen.

Ich habe noch gegen die Ansicht kämpfen müssen, daß die Lehre von der Chemie in katechetischer Form, ein Katechismus der Chemie, welcher die unzweifelhaften chemischen Wahrheiten einfach lehre, für den Landwirth genüge. Nachdem dieser elende Standpunkt überwunden war, wollte man nur die Agriculturchemie gelten lassen, in dem Sinne nämlich, daß der Landwirth nur von demjenigen aus der Chemie unterrichtet zu werden bedürfe, was er für den Ackerbau davon brauche.

Man hatte schon zu vergessen beliebt, daß die Chemie, wenigstens als technische, für Molkerei-, Brennerei- und dergleichen Betrieb als Hilfswissenschaft von größter Wichtigkeit sei. Endlich aber trat die physiologische, namentlich die „Thierchemie" und endlich auch eine Pflanzenchemie, mit in den Kampf gegen die feindliche Macht des passiven Widerstandes der Landwirthschaft gegen die höhere Einsicht, welche das Jahrhundert forderte. Man war durch die Thatsachen, durch die Ironie der chemischen Literatur, und durch den Sieg der Wahrheit endlich auf dem Standpunkte angelangt, welchen ich schon lange vorher vertheidigt hatte, auf dem Standpunkte der Einsicht, daß die ganze Chemie Hilfswissenschaft der Landwirthschaft sei. Und nun? Meine Herren! Wie stehen wir denn jetzt? Jetzt befinden wir uns in dem entgegengesetzten Extreme. Die Chemie macht nun den Anspruch, in der Landwirthschaft Alles in Allem zu sein, und doch wissen wir, daß Thiere, Pflanzen und Mineralien, überhaupt Organisches und Anorganisches, die Stoffe sind, mit welchen sich die Chemie analytisch und synthetisch beschäftigt. Ist denn die Naturgeschichte nur Hilfswissenschaft der Chemie? Ebenso die Anatomie und Physiologie? — Das Wenigste ist, daß sie es gegenseitig sind. Ich bin von je her unter denen gewesen, die das Studium der Chemie als unerläßlich für Landwirthe vertheidigt haben. Aber daraus folgt nicht, daß ich der Chemie in der öffentlichen Meinung der Landwirthschaft ein unbegränztes Uebergewicht zuerkennen kann. Sie nimmt keine andere Stellung ein, als die anderen Hilfswissenschaften. Man soll, wenn man es mit sich und mit denen, welchen man dient, wohl meint, keine höhere Stelle erstreben, als Einem gebührt, und so ist es auch mit der Chemie. Hochmuth kommt vor dem Falle. Ich möchte einige Herren Chemiker mit diesem Sprichworte warnen. Die Chemie als Wissenschaft ist unschuldig an dem jetzigen Versuchsstations-Schwindel. Auch dieser wird austoben, — ich hoffe, recht bald! Aber die Chemie wird bleiben, — wenn der Nebel der Charlatanerie verschwunden sein und die Jünger der Letzteren entblößt haben wird. Diese mögen sich als noch so wichtig gebahren, die Chemie wird doch zur Erklärung sehr vieler Erscheinungen in der Landwirthschaft völlig ungenügend sein, aber trotzdem immer ihren hohen Werth behalten.

Die Chemie wird eingetheilt in anorganische und organische nach den Stoffen ihrer Thätigkeit, und in analytische und synthetische Chemie, Auflösungs- und Zusammensetzungs-Chemie, nach dem nächsten Zwecke oder Wege ihres Verfahrens. Man nennt diese im Ganzen gewöhnlich „analytische Chemie," da man bei der Analyse auch die Synthese lernen kann. Aber dies ist nicht ganz gleichgültig, denn wir haben von sehr vielen Stoffen wohl gelernt, sie zu zersetzen oder durch Analyse d. h. Zersetzung zu finden und darzustellen, aber von gar manchen noch nicht, sie durch Synthese oder Zusammensetzung, gleich der Natur, zu schaffen.

Die Chemie, welche Experimental-Chemie genannt wird, ist eine Methode des Vortrags, bei welcher man Experimente vornimmt, um die Lehre zu erläutern. Indessen jede Analyse ist ein Experiment, so auch die Synthese, und Experimentiren das Hauptgeschäft der forschenden Chemie.

Meine Herren! Hiermit ist der Kreis der zweiten Klasse naturwissenschaftlicher Hilfslehren der Landwirthschaft geschlossen. Meine Hauptabsicht im Vortrage war, Sie zu überzeugen, daß Ihnen ein wahlweises Studium derselben nicht frommt, sondern ihr gründliches wissenschaftliches Studium im Ganzen Noth thut. Möchte es mir gelungen sein!

Ich nehme jetzt Ihre Aufmersamkeit noch auf kurze Zeit in Anspruch zur Betrachtung der zweiten Klasse von Hilfswissenschaften der landwirthschaftlichen Gewerbs- oder Productionslehre, nämlich der mathematischen Wissenschaften. Ich will die alte Eintheilung der Mathematik in reine und angewandte ohne Untersuchung beibehalten. Wer irgend ein wissenschaftliches Studium treiben will, kann der gewöhnlichen Algebra und Arithmetik, der niederen Planimetrie, Trigonometrie, Stereometrie, der Geometrie nicht entbehren. Diese Kenntnisse werden vorausgesetzt und es ist, wenn hierüber an höheren landwirthschaftlichen Lehranstalten Vorlesungen angeordnet sind, lediglich darum geschehen, weil leider mancher herankommende Studirende hierin der Nachhilfe oder Auffrischung bedarf. Je mehr von der höher steigenden Mathematik in diesen Zweigen, namentlich in der Algebra, Trigonometrie und Geometrie Kenntnisse und Uebungen erworben sind, desto besser ist es. Denn die Geodäsie, wozu die sogenannte practische Geometrie, das Feldmessen und das Nivelliren gehört, ein für Landwirthe wichtiger Theil der angewandten Mathematik, — ebenso die Statik und Mechanik, womit die Maschinenlehre verbunden werden kann, — diese Maschinenlehre selbst, — und die weiter als gewöhnlich gehende Arithmetik, namentlich in der Anwendung auf das Gewerbs-, Volks- und Staatsleben, — alle diese theils reinen theils angewandten mathematischen Wissenschaften sind für das wissenschaftliche Studium der Landwirthschaft unentbehrlich, und führen zu theoretischen und practischen Problemen, vor welchen der mangelhaft Vorbereitete unbefriedigt stehen bleiben muß. Meine Herren! Es wäre ganz überflüssig, Sie durch Beispiele darüber erst überzeugen zu wollen, daß sich der Landwirth beständig mit Zahlen und Größen und den vielfältigsten Verhältnissen derselben beschäftigt, wobei ihm mathematische Lehren und Uebungen ganz geläufig sein müssen, — der Physik und Chemie, welche so tief in die Mathematik hinein greifen, gar nicht zu gedenken. Aber um so mehr wird es Sie interessiren zu erfahren, daß ich noch hier vor längerer Zeit die Ansicht, ein Unterricht im Feldmessen und Nivelliren mit den gewöhnlichsten Werkzeugen sei genügend, habe bekämpfen müssen. Jetzt ist man über diesen beschränkten Gesichtskreis längst hinweggestiegen, und trachtet hierin nach möglichster Vollkommenheit und guten Instrumenten.

Indessen noch wird um Statik, Mechanik und Maschinenlehre gestritten, deren Ausdehnung man beschränkt wissen will, obschon sie die Hilfswissenschaften sind zur Beurtheilung und Herstellung aller mechanischen Einrichtungen und Hilfsmittel, welche die Landwirthschaft nöthig hat. Die Herren Landwirthe interessiren sich sehr für neue Geräthe und Maschinen, traurig aber ist es, daß sie sich bei Weitem nicht alle auch für Mechanik und Maschinenlehre interessiren. Wo solche Widersprüche herrschen, kann eine wissenschaftliche, ja selbst auch nur eine andere einigermaßen gründliche Einsicht darüber nicht vorhanden sein, wie landwirthschaftliche Geräthe und Maschinen zu construiren, zu beurtheilen oder anzuwenden seien.

Daß es an richtigen Theorieen der verbreitetsten Acker-Instrumente fehlt, und deren Verbesserungen so langsam vorwärtsschreiten, daran ist die Unbekanntschaft der landwirthschaftlichen Practiker mit der Mechanik größtentheils Schuld. Ein Sachverständiger braucht bei ihnen nur mit mechanischer Deduction anzufangen, um der Unaufmerksamkeit der Zuhörer versichert zu sein. —

Ich gehe jetzt an die Betrachtung der zweiten Kategorie von Hilfswissenschaften des landwirthschaftlichen Studiums. Ich meine die

II. Hilfswissenschaften für die Betriebslehre.

Diese Hilfswissenschaften sollen die Hilfslehren für diejenigen Grundsätze und Regeln liefern, welche bei der Einrichtung und Leitung des landwirthschaftlichen Betriebes, ja sogar schon bei der Vorfrage, ob man überhaupt und wo man die Landwirthschaft als Gewerbsbetrieb unternehmen solle, maaßgebend sind. Diese Hilfswissenschaften sind folgende:

1. die Volks- und Staats-Wirthschaftslehre.

Naturkräfte, Arbeit, Kapital und Betriebsamkeit sind die Quellen alles Einkommens und Vermögens, auch des durch Glückspiel und Geschenke oder Vermächtniß erlangten. Von der Kenntniß ihres Wesens, ihrer Arten, ihrer Wirksamkeit und der Bedingungen dieser Letzteren hängt vor Allem die geschickteste Ausbeutung derselben ab. Aus ihnen fließt die Grundrente und der Pachtzins, die Arbeitsrente und der Arbeitslohn, die Kapitalrente und der Kapitalzins, und die Betriebsrente oder der Unternehmergewinn, — Einkommenszweige, deren Gestalt und Höhe im Verkehrsleben nach stetigen Grundgesetzen bestimmt wird. Die Natur und Ursachen dieser Einkommensarten zu kennen, ist von großer Bedeutung für jeden Wirthschaftsbetrieb. Geld und Preis sind die Formen, in welchen Jedem, der im wirthschaftlichen Leben der Völker und Volksklassen thätig ist, zufließt, was er verdient, und in welchen er selbst bezahlt, was er verlangt und erlangt. Das Wesen und die Arten des Geldes, die Verkehrsgesetze des Geldumlaufes, die Grundlagen und Bestimmgründe des Preises, seine Arten und Schwankungen zu kennen, ist Grundbedingung umsichtigen Wirthschaftsbetriebes. Kredit, Kreditanstalten, Banken, Banknoten, Wechsel, — die jetzigen Losungsworte der Freunde der Landwirthschaft, — bezeichnen Einrichtungen, deren Kenntniß und Benutzung jedem gewerblichen Unternehmer nahe steht. Die Natur- und Verkehrsgesetze, denen die Zu- und Abnahme der Bevölkerung folgt, sind wichtig, besonders für die Art gewerblicher Thätigkeit, welche die Nahrungsmittel producirt, — sie sind von hohem Interesse für sie.

Die Kenntniß der Zustände und der Bedingungen der Entwickelung der verschiedenen Wirthschaftszweige des Volkes an sich und im Verhältniß zu anderen ist von Bedeutung für Jeden, welcher begreift oder begreifen will, daß er mit seinem Betriebe nicht vereinzelt dasteht, sondern seinen Platz und seine Beziehungen im Ganzen hat und von dem Ganzen abhängt. Die Zustände der arbeitenden Klassen, das Sparkassenwesen, das Hypothekenwesen, das Münzwesen, die Wuchergesetze, die Versicherungsanstalten jeder Art, die Theuerung mit ihren Ursachen und ihrer Abhilfe, und die Armenpflege, — sie berühren unser Aller Interessen tief eingreifend, die Landwirthschaft aber ganz besonders. Ueberaus wichtig sind aber für diese Letztere die gutsherrlich bäuerlichen Verhältnisse mit ihren Lasten und Hemmnissen für den Ackerbau, die Servituten, die Gemeinheiten und die jetzt so emsig besprochenen Fragen wegen Gebundenheit, Theilbarkeit und Zusammenlegung des Grundbesitzes, und die Erörterungen über Werth, Unwerth und Einrichtung der Kreditinstitute, — sie bewegen seit lange und jetzt mehr als je die Geister aller Partheien, und Niemanden drängt sich das Bedürfniß der Aufklärung darüber mehr auf als dem Landwirthe. Welcher Gewersbetrieb endlich ist nicht interessirt bei der Frage über Gewerbe- und Handelsfreiheit? — bei jener über Transport- und Communicationsmittel?

Die wissenschaftliche Erörterung und Lösung aller dieser Aufgaben ist der Zweck und Inhalt der Volkswirthschaftslehre oder Nationalökonomie. Die Lehre von der Domänen- und Staatsforstverwaltung, von der Handhabung der Regalien und Staatsmonopolien (ich erinnere an das Salz- und Tabaksmonopol), von den Steuern, den directen und indirecten, ihren Umlagsmethoden (ich hebe die Grundsteuer, die Bier-, Branntwein-, Zucker-, und Tabaksteuer hervor), und vom Staatsschuldwesen bildet den Inhalt der Staatswirthschaftslehre oder Finanzwissenschaft. Ist hiernach noch möglich an der Nothwendigkeit dieser Wissenschaften als Hilfslehren für das wissenschaftliche Studium der Landwirthschaft zu zweifeln? —

Mancher hat schon gedacht, man wolle Sie dadurch zu einer Art von Politikern machen. Dies ist ein Irrthum, wiewohl Ihnen derartige Aufklärung als politische nur nützlich sein kann. Je mehr Sie davon mitnehmen können, um so besser wird es für Sie sein. Ich würde mich von Herzen darüber freuen. Denn es ist endlich Zeit, daß politisch-öconomische Einsicht wenigstens unter den Gebildeten Eingang finde, es sieht damit trostlos genug aus. Die politische Stellung des Grundbesitzers, seine Berufung zum Staatsamte, zur ständischen- und Volksvertretung, weist ihn täglich auf diese Studien hin, die er machen sollte, welcher politischen Richtung er auch immer folgen möge. Man hat die hiesige Academie schon deshalb eine wissenschaftliche genannt, weil an ihr diese Fächer ganz gelehrt werden. Dies ist viel Ehre für mich als deren Vertreter. Aber ich erhebe Widerspruch dagegen. Sie sind nur die Naturlehre des volkswirthschaftlichen Verkehrslebens und für die Betriebslehre dasselbe, was Anatomie und Physiologie der Thiere und Pflanzen, Physik und Chemie für die Gewerbslehre sind, die erste hilfswissenschaftliche Grundlage. Die nächste ist:

2. Statistik oder Staatskunde d. h. die Wissenschaft von dem gegenwärtigen Zustande des Volks und Staats überhaupt und mit besonderer Rücksicht auf die Landwirthschaft. Ich kann mich auf eine genauere Definition derselben und auf die feineren Unterschiede nicht einlassen.

Sie werden sagen: „Was geht mich der Staat und das Volk an!" indem Sie sich durch das Wort „Staatskunde" beirren lassen. Meine Herren, sehr viel! Denn wo Sie auch ein Gut kaufen oder pachten mögen, befinden Sie sich in einem Staat und unter einem Volke, und da ist es von Wichtigkeit, daß Sie seinen Zustand, der auf Ihre Entschlüsse und Erfolge von Einfluß ist, vorher kennen lernen. Sie würden leichtsinnig handeln, wenn Sie es nicht thäten. Jeder Umsichtige thut es, und Ihr Vorzug soll sein, daß Sie es methodisch nach wissenschaftlicher Anleitung und somit vollständig thun. Die Verfassung, die Gesetzgebung und die Verwaltung des Staats, das Behördenwesen, und die Kultur- und Sittlichkeitszustände sind für Sie von höchster practischer Bedeutung. Der Werth Ihres Eigenthums und

Betriebs hängt davon ab. Sollten Sie aber noch jetzt vor der Staatskunde eine Scheu haben, so bedenken Sie, daß diese Wissenschaft dem größten Theile nach eine Darstellung der Volks- und Staatswirthschaft und in dieser auch eine solche der Zustände der Landwirthschaft in dem Lande oder in den Provinzen ist. Wenn je etwas von Wichtigkeit für alle Käufer und Eigenthümer oder Pächter ist, so ist es dies, — die volks- und staatswirthschaftliche und die landwirthschaftliche Statistik, welche die betreffenden Zustände und deren Ursachen erklärt. Am allgemeinsten belehrend ist sie nach der vergleichenden Methode, am ausführlichsten ist es die einfache. Von dem Sinne der Grundbesitzer für Statistik wird die Möglichkeit und Leichtigkeit abhängig sein, ob und wie wir zu einer guten landwirthschaftlichen Statistik Deutschlands gelangen. An ihrer und der landwirthschaftlichen Vereine Unterstützung ist hierfür das Meiste gelegen. Denn die statistischen Bureaus begegneten bis jetzt mit ihrem gemeinnützigen Streben auf diesem Felde, ich weiß nicht, ob mehr der Unwissenheit oder dem Mißtrauen, — jedenfalls höchst selten der Hilfe.

Eine fernere Hilfswissenschaft der Betriebslehre ist:

3. die Geschichte und zwar besonders die
   a) der Volks- und Staatswirthschaft,
   b) der Landwirthschaft.

Eine Kette von Ereignissen und Bestrebungen während Jahrhunderten hat unsere Volks- und Staatswirthschaft, unsere Landwirthschaft zu demjenigen gemacht, was sie sind. Es reicht nicht aus, zu wissen, wie sie jetzt bestellt sind, sondern man muß auch wissen, wie sie zur jetzigen Höhe gelangt sind, und welche Schicksale sie eigener und fremder Schuld verdankten. Dies lehrt die Geschichte. Sie muß aber eine innere und äußere sein, und diese Letztere führt von selbst in die Geschichte des Staates und Volkes nach allen Beziehungen, weil keine bedeutende geschichtliche

Wendung des Staats= und Volkslebens im Inneren und Aeußeren die Volks= und Staatswirthschaft überhaupt und deren Zweige, namentlich die Landwirthschaft, unberührt läßt. Aber auch umgekehrt, die volks= und staatswirthschaftliche Entwickelung übt den tiefst eingreifenden Einfluß auf die Geschichte der Völker und Staaten aus. Die Geschichte der Volks= und Staatswirthschaft ist ein Quellenstudium für die Geschichte der menschlichen und staatlichen Cultur, welches die Geschichtsforscher bis jetzt leider nur zu sehr vernachlässigt haben. Dies Alles beweist Ihnen, meine Herren! schon ein einfacher Rückblick auf den Inhalt der Volks= und Staatswirthschaft, den ich Ihnen so eben dargelegt habe. Ich wende mich daher ohne weitere besondere Beweisführung hierüber der Betrachtung der letzten Hilfswissenschaft der Betriebslehre zu. Diese gewähren die

4. Juristische Studien, d. h. über die Rechtsverhältnisse, so weit sie sich auf den landwirthschaftlichen Besitz und Betrieb beziehen. Man hat das Recht oder diejenigen Rechtsverhältnisse, welche sich auf die Landwirthschaft beziehen, Landwirthschafts-Recht genannt. Es ist nicht möglich dieses zu begreifen, ohne daß man eine allgemeine Kenntniß von Rechtsbegriffen, Rechts-Instituten und deren geschichtlicher Entwickelung hat. Daher ist das Studium

a) der Staats= und Rechtsgeschichte, und zwar der deutschen, wenigstens so weit sie die landwirthschaftlichen Rechtsverhältnisse betrifft, nothwendig. Außerdem

b) eine juristische Encyclopädie, welche die wichtigsten allgemeinen juristischen Lehren, zum Zwecke der Vorbereitung für weiteres Studium, kurz und übersichtlich auseinander setzt. Hierauf folgt:

c) das eigentliche Landwirthschaftsrecht.

Meine Herren! Sie sollen durch die Vorträge hierüber nicht Ihre Processe selbst führen und Rechtsschriften machen lernen.

Dazu befähigt nur die ganze Jurisprudenz. Aber über die Rechtsverhältnisse, in welche Sie durch Kauf, Erbe, Schenkung oder Pacht hinsichtlich der verschiedenen Arten von Eigenthum und Besitz an Grundstücken treten, soll Ihnen Aufklärung werden, wenigstens so weit es dem Nicht-Juristen gemeinfaßlich vorgetragen werden kann.

Ich bin nun zu Ende! Dies ist die Uebersicht des systematischen Inhaltes des ganzen wissenschaftlichen landwirthschaftlichen Studiums. Ich habe bei deren Darstellung nur das Bedürfniß der gründlichen wissenschaftlichen Vorbildung zur practischen Landwirthschaft im Auge behalten.

Was nun aber die Anstalten anbelangt, auf welchen alle diese wissenschaftlichen Haupt- und Hilfsstudien getrieben werden können und sollen, so liegt es am nächsten, der Universitäten zu gedenken. Und in der That, sie sind die höchsten und umfassendsten wissenschaftlichen Lehranstalten. Allein zur Zeit noch sind an ihnen die Gewerbslehren, namentlich auch die Hauptfächer des landwirthschaftlichen Studiums, theils gar nicht theils nur in beschränktem Maaße vertreten, und noch gar oft werden daselbst die Naturwissenschaften entweder in ganz allgemeiner Richtung oder vorzüglich in der Richtung für die medicinischen Wissenschaften vorgetragen. An practisch landwirthschaftlichen Demonstrations- und Uebungs-Anstalten wie an Versuchsfeldern und dergleichen fehlt es bei ihnen ganz, wo nicht ausnahmsweise eine landwirthschaftliche Lehranstalt mit denselben verbunden ist. Selbst wo sogenannte staatswirthschaftliche Facultäten bestehen, ist dieser Mangel besonders fühlbar. Andrerseits fehlt es einem nicht geringen Theile der die Landwirthschaft studirenden Jugend an derjenigen Vollendung der Schulbildung, welche zur richtigen Benutzung der Universitäten erforderlich ist. So lange diesen beiderseitigen Mängeln nicht abgeholfen ist, kann das wissenschaftliche Studium der Landwirthschaft auf Universitäten nicht getrieben werden. Ich hoffe dies aber von der Zukunft zu beiderseitigem Nutzen.

Nächst den Universitäten sind die polytechnischen Schulen die Lehranstalten, auf welche wir unsere Blicke zu richten haben. Wenn diese Anstalten dasjenige leisten würden, was ihr Name verspricht, d. h. wenn sie das ganze Gebiet der Wirthschafts- oder sogenannten Gewerbswissenschaften lehrend umfaßten, und außer einer allgemeinen Vorbereitungsschule noch für jeden volkswirthschaftlichen Hauptzweig besondere Fachschulen hätten: so würden sie auch landwirthschaftliche Abtheilungen haben. Allein selbst die am vollkommensten organisirte derselben, ich meine die treffliche polytechnische Schule zu Karlsruhe im Großherzogth. Baden, welche auch für Forstwirthschaft ihre Fachschule hat, ist ohne eine landwirthschaftliche. Es ist aber überhaupt nicht zu verkennen, daß die vollkommene Ausstattung der polytechnischen Schulen mit practischen Lehrmitteln für jeden Haupt-Gewerbszweig meist unüberwindliche örtliche Schwierigkeiten hat. Daher giebt es schon lange besondere Berg- und Forstacademien, technische Lehranstalten, und Handelsacademien, zu welchen endlich auch an dazu geeigneten Oertlichkeiten höhere landwirthschaftliche Lehranstalten gekommen sind.

Auf diesen macht man unter den obwaltenden Umständen am zweckmäßigsten seine landwirthschaftlichen Studien, so lange der Besuch der Universitäten oder polytechnischen Schulen nicht gewährt, was zu wünschen ist. Aber, meine Herren! Sie werden es bei meinen soeben entwickelten Ansichten nur natürlich finden, daß ich die mit Universitäten verbundenen landwirthschaftlichen Lehranstalten, unter übrigens gleichen Umständen, für die zum wissenschaftlichen Studium geeignetsten halte. Die Möglichkeit der Gefahren und Nachtheile des Studentenlebens wird weit überwogen durch die großen Vortheile, welche der wissenschaftliche Geist der Universität einerseits der Wirksamkeit, anderseits der

7*

Entwickelung der landwirthschaftlichen Anstalt, darbietet, ich möchte sagen, selbst wider Willen aufdringt. Daß jene Gefahren und Nachtheile sehr wohl fern zu halten sind, beweist der letzte zehnjährige Entwickelungsgang der hiesigen Academie und das Leben ihrer Studirenden auf das Unzweideutigste. Die Grundsätze, welche, bei gutem Willen des Directors und der Academiker im Vereine, solches Ergebniß geliefert haben, werde ich Morgen darzulegen suchen. Ich schließe für heute.

Siebente Vorlesung.

Das academische Leben.

Meine Herren! Ich halte mich stets für verpflichtet, in dieser Vorlesung mich auch über das academische Leben auszusprechen. Dies ist kein angenehmes Geschäft, weil man leicht Gefahr läuft, unangenehm zu berühren, oder weil man doch die Unannehmlichkeit haben kann, wahrzunehmen, daß dasjenige, was man gesprochen, nicht auf fruchtbaren Boden gefallen ist. Dieser Abschnitt ist für mich die unangenehmste Seite dieser Vorlesung. Denn ich habe dabei nicht den Genuß des wissenschaftlichen Theiles, und gerathe auf das Gebiet subjectiver Lebensanschauungen, bei welchen man leicht verletzen kann. Allein derselbe gehört einmal nach meiner Ueberzeugung zu der Vorlesung über Anleitung zum academischen Studium. Der Aufenthalt auf einer höheren Lehranstalt, und natürlich insbesondere auf einer Universität, hat nicht blos den Zweck, sich dem Studium der Wissenschaft zu widmen, sondern auch, sich, von dem wissenschaftlichen Geiste vollkommen durchdrungen, für das Leben vorzubereiten.

Ich habe schon früher oft gesagt, daß das wissenschaftliche Wesen den ganzen Menschen durchdringen müsse. Daher muß sich dasselbe auch im eigentlichen Leben zeigen. Meine Herren! Unser Leben ist ein unaufhörlicher Act der Erziehung durch Andere und uns selbst. Nach Zurücklegung des Knabenalters räumt uns Haus, Schule und Kirche schon mehr Selbsterziehung ein, als vorher. Das Zeugniß der Reife im Jünglingsalter ist ein weiterer Schritt der Emancipation. Die wissenschaftliche Lehranstalt gewährt uns eine academische Freiheit, deren Aufgabe unsere freiere Selbsterziehung ist. Die höchste Blüthe aller Bildung, das Kennzeichen derselben, ist die Selbstbeherrschung bei wahrer Geistesfreiheit. Ihr Lebensalter, meine Herren! ist dasjenige, in welchem man, weil man es am meisten nöthig und dazu auch die meiste Fähigkeit hat, am meisten zum Abschleifen geeignet ist. Man ist noch nicht gegen die edlen Eindrücke, welche das gute Beispiel und die wohlmeinende Lehre darbietet, verhärtet. Aber man hat doch noch einen beträchtlichen Theil der Ecken im Gemüthsleben und äußerlichen Erscheinen, sowie in den Lebensanschauungen, welche der männlichen Jugend, die Kraft und Thatentrieb in sich trägt und spürt, eigen sind. Und gerade darin, daß viele junge Männer mit dieser Eigenthümlichkeit zusammen zu leben haben, liegt ebenso viel Nutzen als Gefahr des Studenten-Lebens. Man reibt sich hier an Seinesgleichen, von gleichem oder ähnlichem und entgegengesetztem Character, jugendlichem Feuer und schnell fertiger Rücksichtslosigkeit, viel leichter ab, als an reiferen, älteren Leuten, welchen gegenüber man sich mehr receptiv oder passiv verhält. Ich spreche hierbei aus einer dreifachen Erfahrung: aus derjenigen, die ich machte als Student, — aus der Erfahrung, die mir jene Zeit brachte, da ich als junger Universitätslehrer wirkte und litt, — und aus der Erfahrung, welche ich in späterer Zeit reiferen Lehrerthums und als Director hiesiger Academie machte. Dazu kommt, daß die Zeit meiner politischen Thätigkeit überaus reich an Characterstudien im Jünglings-, Mannes- und Greisenalter war. Ich glaube also zu nützlichen Rathschlägen nicht ganz unbefähigt zu sein.

Das academische Leben bietet mehrere Seiten, der Aufmerksamkeit werth, für unsere Betrachtungen dar.

Die Erste ist die des leiblichen Lebens. Wer von dem

Gymnasium oder der Realschule auf die Universität oder Academie kommt, ist so eben von einer Anstalt abgegangen, auf der er noch in vieler Hinsicht einer gewissen Zucht unterworfen war. Er tritt nun hinaus in einen Zustand der Freiheit des academischen Bürgerthums, wo Jeder lernen soll, sich selbst zu leiten. Nichts ist natürlicher, als daß der erste Genuß dieser Freiheit zur Schwelgerei und zum Ueberschreiten selbst vernünftiger Gränzen der Vergnüglichkeit verführt. „Der junge Stier wühlt, wenn er loskommt, aus Uebermuth mit den Hörnern im Heuhaufen," pflegte Einer meiner Lehrer zu sagen, wenn die Studentenwelt auch arge Streiche ausführte. Der reifere Mann weiß diese Uebermäßigkeit mit dem jugendlichen Feuer und Ungestüm zu entschuldigen. Allein wenn man dies auch kann, ja selbst weiß, daß der größte Theil aus dem fessellosen Leben geistig und leiblich gesund hervorgeht, so ist es leider doch auch nicht minder wahr, daß gar Mancher darin leiblich, geistig und sittlich zu Grunde geht.

In einer solchen Lage befinden Sie sich nicht. Sie kommen nicht aus einem Schulzwange her, sondern der größte Theil von Ihnen ist schon selbstständig im Leben gewesen und verschiedene Rücksichtsnahmen haben Sie gelehrt, manchen Zwang zu ertragen, von dem die Anderen nicht berührt worden sind. Aber Sie sind dafür einer anderen Gefahr ausgesetzt. Sie haben nämlich bis jetzt schon zu befehlen gehabt, wenigstens befehlen lernen sollen, — dagegen aber doch blos über Stände, welche in der Bildung weit unter Ihnen standen. Man vertauscht das Herrschen ungern mit dem Gehorsam, doch es wird zur Pflicht, wenn man auf eine solche Anstalt geht, wie die ist, wo Sie sich befinden. Es wird Ihnen hier zwar in Beziehungen, in denen Sie bis jetzt völlig zwanglos waren, ein Zwang angethan. Allein in anderen, und zwar angenehmeren Beziehungen, haben Sie eine vorher nicht erreichte Freiheit.

Manchem wird dieser Wechsel sehr schwer. Ich bitte Sie, sich klar zu werden über Ihre jetzige Lage gegenüber derjenigen, aus welcher Sie hierher gegangen sind. Insbesondere in leiblicher Hinsicht ist Ihre jetzige Lage gegen die frühere sehr verschieden. Sie haben ein thätiges Leben in der freien Luft verlassen und vertauschen dies mit einer sitzenden Lebensweise in Stuben. Es ist meines Erinnerns kaum Einer hier gewesen, welchem diese Lebensweise nicht von Anfang sehr unbequem, ja nachtheilig war. Sie sind mehr als der auf einer Universität Studirende daran zu erinnern, daß Sie sich zuvielen Sitzens enthalten, daß Sie sich vor der Gefahr desselben durch Spaziergänge, Excursionen u. s. w. sicher stellen sollen. Ich darf Sie erinnern, daß Sie sich Mäßigkeit im Essen, Trinken und Schlafen zur Regel machen sollen. Es ist merkwürdig, daß Einer oder der Andere der studirenden jungen Landwirthe, die doch früher an sehr zeitiges Aufstehen gewöhnt waren, sich auf der Lehranstalt von einer Schwerfälligkeit in dieser Hinsicht bemeistern läßt. Sie sind zwar Ausnahmen, aber es kommt vor, daß man im Sommer Morgens um 6 Uhr noch nicht auf dem Wege zur Vorlesung ist. Weil ich selbst früh aufstehe, bemerke ich dieses. Es macht den Eindruck, als wäre die frühere Tugend mehr einem Zwange äußerer Verhältnisse als dem freien Selbstgebote eigenen Pflichtgefühls zuzuschreiben. Die Trägheit ist eine physische Kraft, aber eine sittliche Schwäche.

Es ist am Besten, wenn Sie soviel als möglich Ihre vorige leibliche Lebensweise hier beibehalten. Sie haben dazu hier Gelegenheit in Fülle, — Gärten, Feld und Wald in schönster Art. Ein Hilfsmittel leiblicher Erfrischung und Stärkung, welches auf keiner anderen höheren landwirthschaftlichen Lehranstalt Deutschlands dem Studirenden geboten wird, ist hier das Seebad im Sommer. Es wetzt manche Scharte üblen klimatischen Einflusses aus.

Sehr hat es immer in meinen Wünschen gelegen, gymnastische Uebungen im Gange zu halten. Ich bedauere sehr, daß in Greifswald nicht ein Lehrer der Gymnastik ist, welchem der Unterricht übertragen werden könnte. Ueben Sie sich selbst in dieser Kunst auf unserem Turnplatze! Es sind ja doch fast immer geübte Turner unter Ihnen, welche vorturnen können.

Früher hatte man hier Fechtübungen, aus denen aber immer mehr der Zweck der Gymnastik verschwand, indem er einem den academischen Gesetzen widerstreitenden Nebenzwecke untergeordnet wurde, der zudem zwischen Ihre Vergangenheit und Zukunft nicht hinein paßt, — nämlich studentischen Händeleien. Sie wurden abgeschafft, zugleich in der Hoffnung auf dereinstigen vollständigen Turn-Unterricht. Sobald sich mir die Gelegenheit darbietet, regelmäßige gymnastische Uebungen einführen zu können, so werde ich sie mit Vergnügen ergreifen.

Eine zweite wichtige Seite des academischen Lebens ist die Wirthschaftlichkeit.

Meine Herren! Es ist sehr merkwürdig, daß von fast jeder höheren landwirthschaftlichen Lehranstalt bei Vergleichung derselben mit Einer ihrer Schwestern gesagt wird, das Leben auf derselben sei sehr theuer und theurer als auf den Anderen. Wäre es zum Wundern, wenn die Directoren derselben, aus Werthschätzung eines zahlreichen Besuches, unter diesen Umständen ein jeder seine Anstalt als die wohlfeilste darstellten? — Gelegenheit genug bieten die zahlreichen Anfragen über diesen Punkt. Wenn man z. B. ausrechnet, daß die Summe von 400 Thlr. aufs Jahr nöthig sei, so wird oft dagegen eingewendet, einerseits daß dies ungemein viel sei, und anderseits daß diese Angabe nicht richtig sei, weil man hiermit nicht auskommen könne. Wer mit weniger auskam, schweigt in der Regel.

Der erstere Einwurf rührt von denjenigen her, welche von den Bedürfnissen eines wissenschaftlich Studirenden, welcher und weil er noch dazu in der Fremde lebt, keine genügende Kenntniß haben. Jene 400 Thlr. machen auf jeden Tag im Durchschnitte 32 Sgr. $10\frac{1}{2}$ Pfg., die Ferien eingerechnet. Es kann Ihnen nicht schwer fallen, nach Abrechnung der Ausgaben für Lebens- und Studien-Bedürfnisse zu berechnen, wieviel der Etat für Vergnügungen übrig läßt. Was den anderen Einwurf anbelangt, so kann ich Ihnen versichern, daß es vor einigen Jahren sehr wohl möglich war hier mit 300 Thlr. auszukommen und ich habe Manchen gekannt, der noch weniger brauchte, während Andere ausnahmsweise mit 800 Thlr. nicht auskamen. Die Preise der Lebensmittel haben sich seitdem aber bedeutend gesteigert und verschwenderisches Leben ist hier unter den Studirenden nur eine äußerst seltene Ausnahme. Ich bin der festen Ueberzeugung, daß man bei vernünftigem Maaß in den Ausgaben mit einer mäßigen Summe wohl auskommen kann.

Freilich muß man nicht fahren, wenn man gehen kann, und kostspielige Vergnügungen meiden. Daß der Sohn, der viel braucht, dem Vater keine specificirte Rechnung über seine Ausgaben vorlegt und der Vater ihm auf seine Versicherung ohne Weiteres glaubt, daß das Leben so theuer sei, ist nicht Schuld der Anstalt. Diese hat ein Recht, Wahrhaftigkeit von Ihnen zu fordern. Seien Sie aber doch wenigstens wahr gegen sich selbst!

Die ganze Regel, welche ich Ihnen an's Herz zu legen habe, ist die Regel der Sparsamkeit. Sparsamkeit ist nicht Geiz, sondern sie räth Ihnen lediglich Folgendes.

Sie sollen nur Ausgaben zu vernünftigen Zwecken machen, also für Mittel, welche dem vernünftigen Zweck entsprechen, um dessen willen Sie hier sind. Sie sollen nicht mehr für einen vernünftigen Zweck aufwenden, als zur Erreichung desselben erforderlich ist. Sie sollen aber diese Ausgaben auch ganz bestimmt machen, weil Sie sonst nicht die nöthigen Mittel zum Zweck anwenden und Ihren Zweck nicht erreichen würden. Sparsamkeit sagt Ihnen nicht, Sie sollen sich keine Erholung, kein Vergnügen gönnen, denn Erholung und Vergnügen ist selbst Mittel zu vernünftigen Zwecken. Meine Herren! Sie bedürfen derselben zur Erfrischung zwischen der Arbeit, zur Stärkung des leiblichen, geistigen und Gemüthslebens, ja zum Leben-lernen. Aber die Sparsamkeit verwirft unvernünftige Vergnügungen, und, daß man das Vergnügen theurer bezahle, als es werth ist. Es könnte mancher junge Mann von Ihren Mitteln jährlich sein Theil Vergnügen um 25, 50—100 Thlr. wohlfeiler haben, wenn er dabei auf sich selbst und seine Umgebung aufmerksam wäre. Ich will nicht einmal sagen, daß es durchaus verwerflich sei, wenn ein junger Mann von Ihren Verhältnissen auch seine Luxusausgaben macht. Denn hierdurch lernt man oft recht viel und wenigstens, wie man es hätte besser machen sollen. Der Schaden ist Einer der größten Lehrmeister der Menschen. Am allerwenigsten bin ich dagegen, daß man sich höhere Lebensgenüsse verschaffe. Die Sparsamkeit verlangt aber von einem Jeden, und ganz besonders vom weniger Bemittelten, daß er die dadurch entstandenen, edleren, größeren Ausgaben durch anderseitige Ersparnisse zu decken suche.

Im Allgemeinen aber habe ich gefunden, daß man dann seine Wirthschaft am besten besorgt, wenn man ein Buch über Einnahmen und Ausgaben führt. Ganz dasselbe, was Sie für eine geregelte mit Selbstbewußtsein geführte Landwirthschaft zu Gunsten einer Buchführung anführen können, gilt auch hier. Aber führen Sie nicht Buch, wie Blücher, der über 40,000 Thlr. Gelder Rechnung legen sollte und geschrieben haben soll: 40,000 Thlr. eingenommen, 40,000 Thlr. ausgegeben und wer's nicht glaubt, ist ein . . . . . .! Dies hilft Ihnen nichts. Es muß auch in den kleinsten Beträgen aufgezeichnet werden, was und wozu man es ausgegeben hat. Die tägliche Aufzeichnung und monatliche Aufrechnung nebst Kassenabschluß ist eine Gewissenserforschung über die Vergangenheit und eine Richtschnur für die Zukunft. Meine Herren! So mache ich es, thun Sie desgleichen!

Man sagt sehr oft, man solle vor allen Dingen das Schuldenmachen verhüten. Schulden machen zum Zweck des Genusses ist nur verwerflich. Ist's auch so, wenn uns das Bedürfniß dazu zwingt? — Die Sparsamkeit schließt ein Contrahiren von Anleihen zu einem vernünftigen Zwecke, welchem man sich widmet, nicht aus. Leichtsinniges Schuldenmachen ist Unverstand und gränzt an Blödsinn. Und, meine Herren! bedenken Sie die Folgen! — jene Ruh- und Rastlosigkeit des verfolgten Schuldners, wenn er auch in guten Vorsätzen durch die Gläubiger gestört wird, wie er seine äußere Ehre und sein gutes Gewissen aufs Spiel setzt, wie er Jahre lang sich quälen muß, um seine Schulden zu bezahlen, ja wie sie ihn oft hindern, eine Lebensstellung zu erreichen, — gar nicht zu gedenken des Kummers, welchen er seinen Angehörigen bereitet!

Im Allgemeinen kann ich nach meinen Erfahrungen über Mangel an Wirthschaftlichkeit unter den hiesigen Studirenden nicht klagen. Wirkliche Schuldklagen sind hier eine äußerst seltene Erscheinung und seit Jahren nicht vorgekommen! Meine Herren! Behüten auch Sie die Academie vor dem Verluste ihres guten Rufes in dieser Hinsicht. Schuldenmacher und Vergnüglinge stehen hier sehr bald isolirt und können sich auf einige Dauer nicht halten. Der Genossenschaft entblößt und ohne Umgang, verlassen sie bald unsere Anstalt. Behüten Sie sich vor diesem traurigen Schicksale!

Eine dritte sehr wichtige Beziehung des academischen Lebens ist die Geselligkeit.

Gerade die Gesellschaft ist es, wodurch sich der junge Mann am meisten bildet und es ist nicht zu vertheidigen, wenn er sich derselben entzieht. Die Geselligkeit liegt in allen Anlagen des Menschen und die Culturgeschichte wie die Biographie lehrt es, daß alle Fortschritte, welche die Menschen im Ganzen und im Einzelnen gemacht haben, wesentlich auf dem Princip der Gesellschaftlichkeit beruhen. Dazu kommt noch, daß das jugendliche Alter mehr als jedes Andere auf Geselligkeit Anspruch macht und der Ausbildung für das Leben durch Gesellschaft und gesellschaftliche Erfahrungen bedarf.

Meine Herren! Sie befinden sich in dieser Lage. Aber an einem so kleinen Platze, wie diejenigen sind, auf welchen sich die landwirthschaftlichen Lehranstalten befinden, ist es sehr schwer, die Geselligkeit einzuleiten und zu erhalten. Die Bevölkerung ist zu klein und nicht manchfaltig genug, um gesellschaftliche Abwechselung zu bieten. Und was der Mangel an behaglichen Gesellschaftsräumen nicht verhindert, wird durch Verschiedenheit der Ansichten, Rechthaberei, Unverträglichkeit und Unzuträglichkeiten verschiedener Art oft unmöglich gemacht. In Städten, und je größer sie sind, um so mehr, treten solcherlei Uebel in den Hintergrund.

Aber die Hauptfrage für Sie, meine Herren! bleibt immer, mit wem Sie umgehen sollen? Zuerst muß ich Sie auf den Umgang mit den Lehrern aufmerksam machen. Er wird nützlich sein, ja er ist geboten durch den Zweck Ihres Hierseins und durch den geringen Umfang des Platzes. — Aber Sie dürfen zu diesem Umgange nicht hauptsächlich die Form der sogenannten Gesellschaften fordern oder gesellschaftliche Einladungen verlangen. Denn dazu sind die Umstände nicht angethan.

Sie selbst wissen wohl schon, meine Herren! daß man sich mit sogenanntem Gesellschaft-Geben binnen kurzer Zeit zu einer Höhe der Ausgaben hinaufschrauben kann, von welcher es sehr schwer ist zurück zu kommen. Dahin ist es im Allgemeinen mit dem Gesellschaftswesen schon gediehen, und es fehlt nicht mehr viel dazu, daß überhaupt unsere Gesellschaftlichkeit den Standpunkt erreiche, welcher sie sehr ungesellschaftlich machen wird.

Die Ansprüche sind schon sehr groß und noch im Wachsen begriffen, und ihnen folgend werden die Leistungen gesteigert zu einem solchen Grade, daß man sich eines gewissen ängstlichen Gefühles nicht erwehren kann, wenn es auch nur daher kommt, daß man zur harmlosen Gesellschaftlichkeit vor lauter gespreiztem hohlen Wesen kaum mehr kommen kann.

Ich denke mir die schöne Gesellschaftlichkeit keineswegs ohne alle Ansprüche aufs Genuß-Leben, etwa nur bestehend im Austausch von Gedanken und Ideen, aber auch nicht blos gerichtet auf materiellen und eitlen Genuß. Jenes führt zur eitlen geistreichen Spielerei und Unnatur, Letzteres zur Abfütterung, Beides zur Ungemüthlichkeit und Langweiligkeit. Geselligkeit von Geist und Gemüth verträgt sich am besten mit einer gewissen Genügsamkeit. Kommen Sie mit dieser in unsere hiesigen Familienkreise, so werden Sie keine Täuschung zu beklagen haben. Finden Sie aber darin dennoch keine oder nicht genug Befriedigung, so schreiben Sie es wenigstens nicht der persönlichen Abneigung des Gebers zu. Die Mangelhaftigkeit unserer Einrichtungen und oft genug die Zusammensetzung der Gesellschaft selbst, deren Elemente gar sehr wechseln, trägt die Schuld.

Meine Herren! Ich wollte diese Seite unseres gesellschaftlichen Lebens nur besprechen, um auf die Schwierigkeiten desselben aufmerksam zu machen. Ihr Verkehr mit den Lehrern kann aber noch ein ganz anderer, ein wirklich nützlicher und erwärmender sein, wenn Sie nur wollen und Ihre Ansprüche nicht zu hoch spannen.

Es ist von vorzüglicher Wichtigkeit, mit den Lehrern allein auf ihrer Stube Umgang zu haben. Männer von Geist und Wissen wirken hierin weit mehr, als auf dem Katheder. Was man von dem Katheder herab vorträgt, muß zugeschnitten werden nach der Zeit und nach der Menge und Verschiedenartigkeit der Zuhörer. Was man im Privat-Verkehre dem Schüler sein kann, ist von ganz anderer Art. Je geist- und kenntnißreicher, gemüthlicher und practischer ein Lehrer ist, um so mehr ist von ihm hierbei Nutzen zu ziehen. Fragen Sie mich, von welchen meiner Lehrer ich dereinst am meisten gelernt habe, so muß ich Ihnen sagen: Von jenen, bei denen ich wenige oder gar keine Vorlesung gehört, deren persönlichen Umgang ich zu genießen das Glück gehabt habe, und diese sind liebenswürdige, geistreiche Gelehrte und aus dem Leben und für das Leben wissende Männer gewesen.

Wenn Sie einen solchen Privat-Umgang mit Ihren Lehrern pflegen wollen, so thun Sie es auch mit Sparsamkeit. Gehen Sie öfters zu ihnen, aber bleiben Sie nicht zu lange. Gehen Sie in ein wissenschaftliches Gespräch mit ihnen ein, disputiren Sie auch mit ihnen, aber seien Sie nicht zu hartnäckig in Ihren Behauptungen. Sie brauchen darum nicht unterthänig in Ihren Zustimmungen zu sein. Erweisen Sie denselben gerne Gefälligkeiten, unterstützen Sie sie in ihren wissenschaftlichen Arbeiten. Es ist viel angenehmer, sich Andere verpflichtet zu machen, als sich Anderen zu verpflichten. Aber bei jenen Hilfsleistungen nehmen Sie an den Studien Ihrer Lehrer Theil und haben selbst davon sogleich den größten Nutzen.

Sie thun sehr gut daran, wenn Sie in so nahem Umgange mit Lehrern die Besprechungen persönlicher Verhältnisse Ihrer Commilitonen und anderen Lehrer sorgfältig vermeiden. Bei dem besten Willen kann man dabei oft der Zwischenträgerei nicht entgehen, und glücklich derjenige, welcher durch unbedachte Reden nur so weit in Verlegenheit gekommen ist, daß er sich das eine oder andere Mal entschuldigen mußte. Es handelt sich sehr oft nicht blos um Ihre eigene Ruhe und Behaglichkeit, sondern um die Möglichkeit von tief gehenden Entzweiungen, wenn auch nur auf Grund falscher und nicht böswilliger Auslegungen. Die meisten Menschen sind eitel, die eitelsten aber keinesweges die bedeutendsten, und am wenigsten vertragen sie es, wenn man sie fühlen läßt, daß man sie bei einer Eitelkeit oder Schwachheit betroffen habe.

Der Umgang mit den Haus- und Kostleuten paßt in der Regel nicht für den Studirenden. Selten ist ihr Bildungsgrad genügend. Das Philisterthum sagt dem Character eines jugendlichen wissenschaftlich Strebenden nicht zu. Er kann leicht in allzu nahe Beziehungen zu demselben kommen. Vor allen Dingen muß man sich aber vor Verbindlichkeiten in Acht nehmen. Ich meine nicht blos Geld- oder Credit-Verbindlichkeiten, sondern auch Verpflichtungen tiefer liegender Art. Die Erfahrung hat es gezeigt, daß durch einen näheren Umgang mit der Familie solcher Wirthsleute, besonders wenn Töchter oder Nichten im Hause sind, große Verlegenheiten entstehen können. Wen die Gutmüthigkeit und Unerfahrenheit zur Einlullung in derartige Bekanntschaften bringt, der ist meistentheils zu bemitleiden. Selten ist der Ausgang gut. Wer aber mit Vorbedacht hinein geht, ohne die Absicht oder die Aussicht, eingegangene Versprechungen zu halten, ist ein Verräther. Die Ausrede der Täuschung kann im Augenblicke der Auflösung eines leichtsinnig geknüpften Verhältnisses das Gewissen beschwichtigen, aber nicht auf die ganze Lebenszeit die Erinnerung ertödten. Hüten Sie sich, damit Sie sich nicht eine bessere Zukunft verschließen oder Verwünschungen auf sich laden.

Meine Herren! Ihr Hauptumgang muß der mit Ihres-Gleichen sein. Ich bin aber der Meinung, daß für Ihre Gesellschaftlichkeit ein Umgang, — frei von den Formen des studentischen Vereins- und Umgangslebens, möglich sei.

Es liegt in der Natur der Sache, der größte Theil von Ihnen fühlt sich zu dem studentischen Wesen nicht hingezogen. — Wenn ein junger Mann bereits zwei, vier, sechs ja zwölf Jahre und mehr in der landwirthschaftlichen Praxis gewesen ist und dort doch nur mit ernsten Dingen beschäftigt war und nun hier mit Corpsband und Corpskäppchen auftreten wollte, so würden die Meisten über ihn lächeln, weil dies seiner bisherigen Berufsthätigkeit, der kurzen Zeit seines Aufenthaltes auf der Academie, seinem Alter und seiner baldigen Lebensstellung nicht entspricht.

Darum, meine Herren, bin ich fest überzeugt, daß sich das Studentenwesen für Sie nicht paßt. Doch noch ein anderer Grund ist vorhanden. Ein Verbindungswesen hat hier trotz manchem Versuche bis jetzt nicht gelingen wollen, und bringt durchaus keine dauernde Freundschaft mit den Verbindungen der Studentenwelt hervor. Ich habe es hier erlebt und anderswo ist es auch nicht anders. — Sie mögen sich drehen und wenden, wie Sie wollen, Sie werden doch nicht als vollwürdig, ebenbürtig anerkannt! Warum? — Weil Ihr Studium nicht als Facultätsstudium angesehen wird und weil Ihr ganzer Bildungsgang es Ihnen unmöglich macht, sich mit Studenten, wie diese unter sich, zu bewegen und sich einer solchen Verbindung mit ganzer Freudigkeit hinzugeben. Der Verkehr mit den Studentenverbindungen von hier aus kostet Ihnen auch zu viel Zeit. Er kostet Ihnen viele Nächte und schon darum allein auch Tage. Dazu aber kommen noch die Auswüchse der Zechkunst und des Zweikampfes, an denen das Studentenleben leidet. Weit entfernt davon, daß Sie es von denselben zu reinigen vermöchten, können Sie nicht einmal den Vorwurf vermeiden, daß gerade Sie es noch verschlechterten. Dieser Vorwurf ist schon gemacht. Zwar hier nicht, aber anderswo.

Ein verbindungsmäßiges Sauf-Unwesen kann von keinem Vernünftigen gerechtfertigt werden. Es hat schlechterdings gar keinen Zweck.

Anders ist es allerdings mit dem Duell. Die Ehre ist jedem braven Menschen heilig, und er läßt sie sich nicht ohne Ahndung antasten. Es ist eine Lebensanschauung gewisser Stände der modernen Völker, daß die angetastete Ehre eine andere Sühne als durch den Richterspruch, eine Sühne durch Selbsthilfe im offenen ehrlichen Kampfe, erfordere. Kein allgemeiner, noch so triftiger, Rechts- und Sittlichkeitsgrund hat diese Volks- oder Ständeansicht bis jetzt ihrer Falschheit überführen gekonnt. Keine Strafart hat bis jetzt das Duell zu beseitigen vermocht. Ich habe die Ueberzeugung, daß hier nur die Zeit den offenbar krankhaften Sinn der Menschen heilen könne. Das Duell hat aber unter diesen Umständen den Erfolg für die Gesellschaft, daß es den Ehrenstreit auf ehrenhafte Bahn leitet und ehrenhafte Gesinnung pflegt. Es ersetzt jedoch nicht die Pflicht des Menschen, vorab des gebildeten, keinen Streit anzufangen, seine Leidenschaftlichkeit zu bezähmen, sich überhaupt der Beleidigung gegen Andere zu enthalten. Wer aber beleidigt, um zu duelliren, ist pflichtvergessen und entwürdigt das Duell. Stände, die das Duell auf Handlungen setzen, welche die Ehre nicht antasten, wissen weder was Ehre noch was Duell zu bedeuten hat. Wenn es zur Ehrensache wird, sich so und so oft duellirt zu haben, so hat die Verkehrtheit den höchsten Grad erreicht. Dies alles gilt in vollem Maaße vom Duellwesen der Studentenwelt. Das Duell als Ersatz für Prügelei vertheidigen, heißt gestehen, daß man nicht umhin könne roh zu sein. Es ist schwer zu sagen, wo hierbei die Gemeinheit aufhört und die Ehrenhaftigkeit anfängt. Wer es als ritterliche Uebung der jugendlichen Kraft und Gewandtheit in Schutz nimmt, vergißt im Augenblicke Rappier und Fechtboden. Wer das verbreitetste Studentenduell als Muthbeweis rühmt, den erinnere ich an Hut, Mütze, Stulp, Bandagen und Secundanten. Das verschärfte Duell, — auf Säbel oder Pistolen, — ist unverzeihliche Tollkühnheit, in der überwiegenden Zahl der Fälle ohne genügenden Grund, ein Erzeugniß leidenschaftlich unbesonnener Hitze.

Meine Herren! Sie werden hier weder des Duells noch der Saufkunst bedürfen, um gesellig unter sich zu leben. Ich bin überzeugt, daß ein Sie fest vereinigendes Leben hier ohne Duellscandale und dennoch getragen von Anständigkeit und wahrem Ehrgefühl möglich ist, wenn Sie es nur ernstlich wollen. Aber es wird ohne das Sie durchdringende Gefühl genossenschaftlicher Zusammengehörigkeit nicht möglich sein. Indessen hieran kann es bei Ihnen nicht fehlen. Sie verfolgen ja sämmtlich dasselbe Ziel, Ihre häusliche Erziehung ist im Ganzen dieselbe, so wie Sie nach Lebensberuf Einem Stande angehören. Sie speisen an Einem Tische, und haben zu Zusammenkünften Ein Local. Spaltung in Partheien ist also eben so unnatürlich als störend für Jeden. Sie sind auf einander angewiesen.

Wir haben, wie ich schon einmal erwähnte, im Winter hier alle vier Wochen Ihre Vereinsversammlung zur Erörterung staats- und landwirthschaftlicher Fragen, welcher einleitende Vorträge über selbstgewählte Themata voran gehen. Welchen Werth dies für uns alle hat, werden Sie erfahren. Sie beschäftigen sich indessen zu Hause, in den Hörsälen, Laboratorien, und in diesen Versammlungen genug mit ernsten Dingen, und um so weniger verlange ich, daß Sie keine anderen Zusammenkünfte haben oder daß Sie sich in anderen Zusammenkünften wieder nur mit wissenschaftlichen Dingen unterhalten sollten. — Suchen und genießen Sie die gesellschaftliche Freude! Wer sollte oder wer möchte sie Ihnen nicht von ganzem Herzen gönnen? — Aber Rohheit und Eigennutz sind die ärgsten Feinde derselben, und stoßen das edle Gemüth zurück.

Humor ists, was der jugendlichen Gesellschaft schön ansteht. Auch sein derbes Wort beleidigt nicht, man muß es ertragen können oder lernen. Humor ist aber in der Gesellschaft ohne unbefangene Heiterkeit nicht möglich und diese nicht ohne gegenseitiges Verständniß. Theilen Sie Ihre Zusammenkünfte zwischen wissenschaftlicher Thätigkeit und Erheiterung und glauben Sie nicht, daß ich Aeußerungen der letzteren mürrisch betrachten werde. Auch das Uebersprudeln wird gern verziehen. Was ich als Director von Ihnen fordern muß, ist Anstand, Gesetzlichkeit und Sittlichkeit. Im Uebrigen sind Sie ganz frei.

Die Sittlichkeit ist überhaupt eine vierte wichtige Seite des academischen Lebens.

Man hat mir schon nachgesagt, daß ich in dieser Hinsicht viel zu hohe Forderungen stellte. Doch, meine Herren, dies verstehe ich nicht. Ich kann doch immer nur sittliche Forderungen stellen. Von Sittlichkeit gibt's nur einen Grad. Hyperbolisch sittlich oder übersittlich kann kein Mensch sein. Mysticismus und sündermäßige Kopfhängerei ist nie meine Sache gewesen. Der Umschlag in verborgene Lasterhaftigkeit ist gar leicht möglich. Ich bin aber überhaupt der Meinung, daß ein sittliches Leben das Wenigste ist, was von jedem Menschen verlangt werden kann! Das Sittengesetz verlangt von uns vernünftiges Handeln nach der Idee des Guten, weil wir vernünftige Wesen sind. Es wird dadurch Niemanden eine Rechts-Pflicht gegen Andere auferlegt, sondern ein Gebot, das Gute zu thun und das Böse zu meiden, wo man sei, gleichviel ob allein oder mit Anderen. Ohne die darauf und auf positiver Religiosität beruhende Reinheit des Gewissens ist das Glück in der größten Vollendung nicht erreichbar. Hierbei ist es ja die Sinnlichkeit, insbesondere die Leidenschaft, welche bekämpft werden soll. Dazu gibt Ihnen nicht nur die Sittenlehre, sondern auch die positive Religion die Lehren und Ermahnungen. Aber dazu muß Sie auch das wissenschaftliche Studium führen. — Es ist unmöglich, Wissenschaftlichkeit im wahren vollen Sinne des Wortes ohne Sittlichkeit zu denken. Denn wer von der wissenschaftlichen Idee und Erkenntniß innig durchdrungen ist, der muß ein Mensch sein, welcher stets bestrebt ist, die Sinnlichkeit, die Leidenschaft, in sich zu bekämpfen, — mit seinem Gewissen seine Handlungen in Einklang zu halten und nur das Gute, Wahre und Schöne zu wollen!

Die Lebensalter nehmen in der Befriedigung der Sinnlichkeit und Leidenschaft verschiedene Richtungen an. Aber so verschieden sie auch sein mögen, bei Weitem die gefährlichste und verderblichste derselben ist die geschlechtliche, meine Herren! — Hat die ungezähmte Geschlechtslust doch das größte Unglück über Einzelne, ganze Familien, ganze Nachkommenschaften, ja sogar über ganze Staaten und Völker gebracht! Schon beim vereinzelten Fehltritte kaum verzeihlich, nimmt sie den höchsten Grad der Verwerflichkeit an, wenn ihre Befriedigung zum gewöhnlichen Bedürfniß wird. Sie treibt den zügellosen Menschen in das sittliche, leibliche und wirthschaftliche Verderben. Sie ertödtet jede Schaam, sie verschließt dem Sünder die edle gebildete Gesellschaft, sie erstickt das Interesse am wahren Lebensgenusse, sie schwächt die Willenskraft, sie erfüllt das Herz mit Ueberdruß und straft den entnervten Wüstling mit Langweile und Leerheit des Lebens. Diese Eckel erregende Abgestumpftheit oder Blasirtheit ist leider jetzt unter der jüngeren männlichen Welt von sogenannter Bildung häufiger als jemals. Ihre schmächtige, hohl- und trübäugige, verblaßte, schwankende Gestalt, schwer zu verdecken durch die Mittel der Zierbengelei, findet sich zwar am zahlreichsten in den größeren Städten. Aber auch auf dem platten Lande in der Umgebung des großen Grundbesitzes schleicht und windet sie sich umher. Nichts wünsche ich mehr, als daß Keiner von Ihnen, meine Herren! diese Art ländlicher Bevölkerung vermehren möchte. Die academische Freiheit aber ist verführerisch genug, die Bande mütterlich sittlicher Zucht abzuwerfen, um sich in den Strudel der Begehrlichkeit und Ueberreizung zu stürzen, und der Weg zum Wüstling ist sehr kurz. Manch Einer ist der Meinung, die Sittlichkeit sei nichts Anderes als Selbstständigkeit! — Meine Herren! Auch Selbstständigkeit im Bösen und Gemeinen? — Auch Selbstständigkeit in der Verachtung der Sitte und des Anstandes? — Geben Sie sich keiner Täuschung hin! Sie rächt sich schrecklich. Die geschlechtliche Verführung hat ihr Auge unablässig auf Sie gerichtet, denn Sie besitzen, was sie sucht, und unversehens sind Sie ein niederer Sklave, wo Sie zu herrschen wähnen, — ein Sklave der Leidenschaft, Sklave der gemeinsten Erwerbsucht Anderer, ein Sklave, der das bessere Selbst in Ihnen verdirbt, welches die elterliche Liebe mit Sorgfalt gepflegt und in sittlichen Schranken gehalten hat. Es ist nicht genug, wenn Sie nur den öffentlichen Skandal vermeiden, oder sich eines schmählichen Lebens nicht mit frecher Stirne rühmen, oder es zu verhüten wissen, daß das gemeine Weib sich Ihrer Bekanntschaft auf öffentlichem Wege rühmt, oder wenn Sie den Hausfrieden nicht stören. Die Sittlichkeit und Religion verlangt von Ihnen, daß Sie dieser Leidenschaft gar nicht nachgeben, weder in Ihrer Zurückgezogenheit noch in der verborgenen Höhle des Lasters. Wie vermöchten Sie dereinst bei der Rückkehr ins elterliche Haus der edlen Weiblichkeit des mütterlichen Blickes gegenüber zu treten, wenn Sie die Spuren zerrütteter Gesundheit offen an sich trügen, oder auch nur Ihr Gewissen mit Schuld belastet wäre, dessen Sprache nur Sie selbst hören? — Würden Sie es ohne Unrecht still ertragen und anhören können, wenn die Anstalt, von der Sie kommen, beschuldigt würde, Sie verdorben zu haben, — wenn in Ihrer Gegenwart vor dem Besuche der Anstalt gewarnt würde, deren Director Sie so wohlmeinend und warm vor Fehltritten gewarnt hat? — Es ist genug! — Nehmen Sie die Erinnerung an diese Stunde als Talisman mit, er wird Sie vor dem Falle bewahren. Vergessen Sie aber auch niemals, daß ebenso wenig Sittlichkeit ohne Religiosität, als wahre Religiosität ohne Sittlichkeit möglich ist. Was Sie Ihrer Kirche schuldig sind, müssen Sie selbst wissen. Wer ein gut Gewissen hat, kann die Kirche ohne Scheu besuchen. Wer kein gut Gewissen hat, sollte sie besuchen. Ein Gewissen aber hat jeder Mensch.

Eine andere höchst verderbliche Leidenschaft kann das Spiel werden. Mäßig betrieben mag es eine passende Unterhaltung nach geistiger und nervöser Anstrengung für Abgespannte sein. Aber als Leidenschaft spannt es selbst am ärgsten ab, und ist wirthschaftliche Unverständigkeit. Es verdreht Geist und Gemüth und reizt zu allen Lastern. Es setzt furchtbaren Verlegenheiten aus, zerrüttet Vermögen und Familien, und treibt zur Verzweiflung, zum Verbrechen. Der Teufel haust im Spieler. Verschließen Sie ihm die Falten ihres Herzens.

Eine weitere fünfte wichtige Seite Ihres Lebens ist die staatsbürgerliche. Es ist die Zeit, in der Sie sich dem Studium widmen, geeignet zur Ausbildung nach allen Seiten im wissenschaftlichen Geist. Sie mögen hingehen, wohin Sie wollen, Sie weichen dem Staate nicht aus! Der Mensch ist ein Staatswesen, d. h. ein zur Staatsverbindung bestimmtes Wesen, wie Aristoteles gesagt hat. Darum muß er sich auch dem Staate widmen. Aber in dem Alter, meine Herren, in welchem Sie sich befinden, ist es Ihre Aufgabe sich zum Staatsbürger zu bilden, und Sie sind noch nicht befugt, auf den Staat, ändern wollend, thätig einzuwirken.

Es hat im Jahre 1848 einen widerlichen Eindruck gemacht, als die aus ihrem antipolitischen academischen Freiheitstraume urplötzlich erwachte Studentenwelt auf einmal aufstand und den Staat reformiren wollte.

Ich bin damals in der National-Versammlung von solchen Jünglingen mit einem Mißtrauens-Votum beglückt worden. Ihre Namen erregen bei mir auch heute noch keine Besorgnisse für unseren Staat. Sie haben mich aber stets in die Stimmung der Bedauerniß versetzt. Haben diese jungen Männer, wie ich voraussetze, aus jener Zeit der Aufregung Nutzen gezogen, so werden sie sich wahrscheinlich später anders besonnen haben. Ich würde mich herzlich darüber freuen. Ich habe von jeher der Ueberzeugung gelebt, daß der Studirende seine politische Meinung haben und nach Kräften vertreten soll. Allein er soll sich nicht einbilden, befähigt und befugt zu sein, selbst auf den Staat einzuwirken. Er soll sich in seinem Berufsfache, und besonders, wenn er Neigung dazu hat, auch in der Politik tüchtig ausbilden, um für das Wohl des Vaterlandes, wenn er dazu berechtigt oder gar berufen ist, dereinst recht kräftig und nützlich zu wirken. Darum mache ich Sie darauf aufmerksam, daß Sie sich in der Zeit Ihres wissenschaftlichen Studiums auch für Ihre künftige staatsbürgerliche Stellung möglichst vielseitig in Kenntnissen und Character vorbereiten müssen. Es wird eine Zeit kommen, wo Mancher von Ihnen in eine politische Stellung gerufen wird. Wohl ihm dann, wenn er etwas Tüchtiges weiß, in Besonnenheit Uebung hat, und aller Verführung und Abmahnung zum Trotz vermag auf der Bahn der Sittlichkeit, des Rechts und der aufopfernden Vaterlandsliebe, ohne Verblendung zu verharren. Er wird sich „nicht irren lassen durch des Pöbels Geschrei und den Mißbrauch rasender Thoren“ — oder trügerische Feiglinge.

Meine Herren! Wenn man ein tüchtiger Staatsbürger werden will, so muß man vor allen Dingen sich in der Gesetzmäßigkeit des Lebens üben. Treue und Ehrfurcht gegen das Staats-Oberhaupt, strenge Beobachtung der Gesetze, Achtung vor der Obrigkeit, Heilighaltung der Verfassung, — sie sind des Staatsbürgers erste Pflichten. Ueben Sie sich schon jetzt darin, damit Sie die Ereignisse nicht unvorbereitet überraschen.

Die Revolution ist für jedes Land, auch für das unglückliche, ein Unglück. Das Nützliche und Rechtliche, welches der Fortschritt der Cultur der Völker fordert, kann und muß durch umsichtige und thatkräftige Reform geschaffen werden. Dies fordert die Erfahrung und Vernunft, d. h. der Fortschritt, das Recht und die Sittlichkeit. Darin bewährt sich die wahre Liebe zum Vaterland. Derjenige Staat, welcher ohne den Wechsel des Fort- und Rückschritts vorwärts gekommen wäre, wird in der Geschichte vergebens aufgesucht werden. Darum ist Geduld mit dem zu langsam scheinenden Entwickelungsgange, und Beharrlichkeit im Wirken für das Bessere nothwendig. Dahlmann sagt in seinem

Buche über Politik sehr schön: „Der revolutionaire Sinn, der auf Revolutionen wie auf öffentliche Lustbarkeiten Rechnung macht, die nicht allzu lange ausbleiben dürfen, ist von der Vaterlandsliebe viel weiter entfernt, als die träge Verehrung alles ländlich sittlich Hergebrachten es ist, über die er so vornehm sich zu erheben pflegt. Die Vaterlandsliebe schlägt ihre Wurzeln in den Oertlichkeiten, welche sich um die Wiege des Menschen versammelten, sie bleibt vielleicht daran hangen, verschließt sich provinzialistisch gegen die Entwickelung von Volk und Staat in ihren großen Dimensionen, allein der beschränktere Sinn bewahrt den menschlichen Neigungen, welche die 24 Stunden des Tages zusammen halten, seine Treue, bis vielleicht die Stunde der Noth ihn weiter hinaus zu blicken zwingt. Der revolutionaire Sinn hat seine flache Wurzel im Verstande, ist familienlos, heimathlos. Für ihn gelten nur die großen Verhältnisse. Er möchte das Jahrhundert umgestalten, unbekümmert, ob die nächste Heimath mit ihrem Glücke und ihrer Sitte ein Opfer des Umschwungs wird. Zwar wird die Nachwelt dem angebildeten politischen Quietismus die Ehre nicht zollen, die er sich selbst verschwenderisch zumißt. Aber wer das Reich, dessen geborener König Jeder ist, die Beherrschung seiner eigenen Seele, wohl verwaltet, und ein Bild des guten Staats in seiner Familie zeigt, der verbessert die öffentliche Sitte, welche die Trägerin aller freiheitlichen Einrichtungen ist, und bewahrt auch unter einer Despotie ein unverletzliches Gebiet der Freiheit." *)

Nehmen Sie diese edlen Worte mit sich in Ihren künftigen Wirkungskreis, welcher von den Heerden der Revolutionen entfernt, aber dazu geeignet ist, Sie in die Bequemlichkeit des Stillstandes einzuschläfern. Die Revolutions-Theorie, welche sich auf die Nothwehr stützt, ist eben so falsch, wie diejenige, welche sich

*) Nachtrag S. Dahlmann Politik §. 207.

auf den angeblichen guten Erfolg der Revolutionen beruft. Denn die Nothwehrtheorie gewährt ebenso wenig festen Grund als der launenhafte Flugsand, und ganz gewiß ist, daß es bis jetzt keine Revolution gegeben hat, aus welcher nicht für Land und Volk ungeheuere Uebel hervorgegangen wären.

Meine Herren! Lernen Sie Mäßigung und Besonnenheit des politischen Urtheils. Bewahren Sie Ihre Vaterlandsliebe und den Glauben an die Fortdauer und Bildsamkeit Ihres Volkes. Verfallen sie nicht in den Fehler, dasselbe zu schmähen und zu verkleinern.

Wer Anhänglichkeit an den Boden des Vaterlandes und sein Volk hat, der wird kaum in die Lage kommen, dasselbe in der Gefahr zu verlassen. Wir haben in Deutschland Ursache genug mit manchem Verhältniß unzufrieden zu sein. Mag dem sein, wie dem will, ich bin nichts desto weniger überzeugt, daß dem deutschen Volkscharacter eine solche Tiefe und Kraft inne wohnt, daß auch das deutsche Volk sich dahin aufschwingen wird, wohin es der Aufrichtigste wünscht. Das Reich deutscher Nation ist schon groß und mächtig gewesen, — die Erhebung des Volks gewaltig und Ehrfurcht gebietend. Eine Nation kann auch eine Zeit der Verpuppung haben, um in sich selbst Kräfte zu sammeln, die ihr zum dereinstigen weltgeschichtlichen Berufe in neuer Gestalt nothwendig sind. —

Endlich, eine schöne Seite des academischen Lebens und zwar die letzte, die ich besprechen will, ist die Pflege des Kunstsinnes. Nichts verschönert das Leben so, als die Uebung einer Kunst, deren Talent uns Gott gegeben hat. Musik, Dichtkunst, Malerei, was man davon besitzt, activ oder receptiv geübt, aber mit Wärme ergriffen, — man kann sich dazu Glück wünschen. Wenn ich fast mit der ganzen mich umgebenden Welt mich im Widerspruch befinde, wenn ich durch amtliche Aufregung tief erschüttert bin, wenn erfahrene Undankbarkeit oder erlittene Kränkung mein Vertrauen und meines Herzens Freudigkeit zum Wirken zu ersticken droht, wenn persönliches Ungemach meine Stimmung trübt, — ich kann mich binnen kurzer Zeit mit der Welt versöhnen und meinen Lebensmuth verjüngen, wenn ich mich an das Klavier setze und alte ächte Kunstwerke großer Meister der Musik für mich allein genieße.

Sie sehen, ich habe jetzt eben die Macht der Kunstübungen von der Seite des bekümmerten Lebens aufgefaßt. Nehmen wir sie auch von der heiteren Seite des Lebens! Sie können sich auch den heitersten Lebensgenuß durch Nichts besser verschaffen als durch Uebung der Kunst.

Doch dies sind die Seiten der Nützlichkeit. Beachten Sie auch den höheren Werth der Kunst für das Leben! Jedes wahrhafte Kunstwerk erweckt neue Lebens-Anschauungen in uns. Dies müssen Sie schon selbst erlebt haben, bei dem Anblicke einer Statue, eines Oelgemäldes, bei dem Hören ächter Kunstwerke der Musik, bei Lesung unserer großen Dichter. Es thut sich ein tiefer Blick in die Natur, in das Leben, in die menschliche Seele, in weltgeschichtliche Ereignisse, in die Cultur eines Volkes und Zeitalters auf, der sich durch kein Nachdenken erschlossen haben würde. Es ist die Urkraft großer Männer von göttlicher Begabung, die uns erleuchtet, wie keine Wissenschaft.

Ich bin zu Ende! Mich selbst erfüllt die letzte Stunde dieser Vorlesung stets mit Ernst und mit einer Art von Wehmuth. Es ist mir, als müßte ich von meinen Zuhörern scheiden, nachdem ich mich gegeben habe, wie ich bin. Sei es der geistige Umgang mit frischen strebsamen Jüngern, sei es die Erinnerung an meine Jugend, sei es das Gefühl, etwas Gutes gewollt zu haben: ich fühle mich am Schlusse dieser Vorträge in der Regel einerseits gestärkt und gehoben, ich bedaure aber, daß ich schließen muß.

Es concentrirt sich in der academischen Freiheit und in der Bedeutung wissenschaftlichen Strebens so Vieles, daß ich ohne eine Art von geheiligtem Gefühl das Katheder nach diesen Vorlesungen nicht verlassen kann. Glauben Sie nicht, daß ich durch Aeußerung einer besonders feierlichen Stimmung einen besonderen Eindruck auf Sie machen will. Ich befinde mich wirklich und ganz in dieser Stimmung, die ich bezeichnet habe, ich gebe mich ihr so wahrhaft hin, wie ich mich in den Vorlesungen Ihrer Selbsterhebung überhaupt hingegeben habe.

Ich weiß, daß ich nicht ohne Eindruck auf Sie gesprochen habe, und daß dieser Eindruck auf Sie dadurch entstanden ist, daß mein Wort der Ausdruck meiner innersten Ueberzeugung war. Ich möchte bei Ihnen aber nicht den bloßen Eindruck eines mehr kalten Betrachters der Wissenschaft und des menschlichen Lebens hinterlassen, sondern den Eindruck eines wahren Freundes der studirenden Jugend, den Eindruck eines Mannes, der sich der Neigung und des Zutrauens seiner Schüler für würdig hält. Es ist manches ernste, manches harte Wort gefallen. Aber es soll mich Keiner einer unedlen Leidenschaft zeihen können.

Ich bin überzeugt, daß in meinen Vorträgen für Jeden von Ihnen Etwas vorgekommen ist, was Sie sich für das künftige Leben mitnehmen werden. Es geht Keiner von Ihnen ganz leer aus. Dazu war, was ich sagte, viel zu sehr aus dem Herzen gesprochen und Ihre allseitige Aufmerksamkeit viel zu groß. Ich danke Ihnen dafür!

Nachricht
über den Besuch der Academie durch Studirende.

Die Academie wurde im Monat Mai 1835, also mit einem Sommersemester, eröffnet. Ihr erster Director war Schulze bis zum Frühjahre 1839, in dem Sommersemester 1839 leitete ich sie vorübergehend, ihr zweiter Director war Pabst bis zum Frühjahre 1843, und seit dem Sommersemester 1843 steht sie unter meiner Direction, in welcher ich während meiner Theilnahme an der Volksvertretung während der Jahre 1848 bis 1853 zeitweise durch den Professor Haubner vertreten wurde.

Das Album der Academie ist bis zum Sommersemester 1839 einschließlich so angelegt gewesen, daß nur der Name, die Heimath und das Studium der Mitglieder ersichtlich ist. Vom Wintersemester 1839 bis 1840 an bis zum Sommersemester 1843 wurden in demselben auch Columnen über Tag und Ort der Geburt des Eintretenden, Stand und Wohnort des Vaters, genossenen Schulunterricht, bisherigen Aufenthaltsort, Militairverhältnisse, und Tag des Abgangs des Studirenden von der Anstalt hinzugefügt und ausgefüllt. Vom Wintersemester 1843 bis 1844 an wurde das Album wieder erweitert, und außerdem dafür Sorge getragen, daß die Eintretenden die Grade ihrer Schulbildung und die Zeit ihrer practischen Beschäftigung mit der Landwirthschaft, so wie die Zahl der Güter, auf welchen dieselbe stattgefunden hatte, genau einzeichneten. Dies ist jedoch zuweilen theils versäumt worden, theils nicht genau genug geschehen, während ich nicht zugegen war. Daher finden sich auch in dem neuesten sehr sorgfältig angelegten Album mehrere Lücken, welche in den folgenden Zahlenangaben hervortreten.

Es wurden auf die Academie mittelst Einschreibung in das Album aufgenommen:

1) vom Sommersemester 1835 bis Wintersemester 1838—39 einschließlich	212 Studirende
2) vom Sommersemester 1839 bis Wintersemester 1842—43 einschließlich	186 „
3) vom Sommersemester 1843 bis Wintersemester 1857—58 einschließlich	474 „
	Im Ganzen 872 Studirende

oder durchschnittlich im Jahre 38. Es wird stets behauptet, daß die Sommersemester bedeutend besuchter seien als die Wintersemester. Allein gar manches Jahr beweist das Gegentheil und der Durchschnitt ergibt nur einen geringen Unterschied. Von den ersten vier Jahren ist derselbe aus dem Album, da es stets auf das ganze Studienjahr angelegt war, nicht mehr bestimmt zu ermitteln. Dagegen vom Sommersemester 1839 an, also aus den letztverflossenen 19 Jahren, ergibt sich, daß durchschnittlich im Sommersemester 16—17, im Wintersemester 18—19, im ganzen Jahre 35—36 Studirende eingetreten sind.

Hinsichtlich des Standes, welchem die Studirenden angehörten, ergibt das Album, daß von den 646, welche vom Wintersemester 1839 bis 1840 an bis zum Wintersemester 1857—58, also in 19 Jahren, eingetreten sind, Söhne waren:

1) aus dem Stande der Privat- und öffentlichen Beamten, Aerzte, Advocaten u. s. w.	223.
2) aus dem Stande der Gutsbesitzer	199.
3) aus dem Gewerks- und Handelsstande	126.
4) aus dem landw. Pachterstande	46.
5) aus dem Kapitalistenstande	27.
6) unbestimmten Standes	25.
	Zusammen 646.

Also haben sich 376 aus anderen Ständen dem Studium der Landwirthschaft zugewandt, und dagegen nur 245 landwirthschaftlichen Standes hier studirt. Es mag wohl sein, daß von den Vätern der Ersteren Mancher auch Grundeigenthum besaß, allein aus dem Album ist es bei jener Zahl nicht ersichtlich. Diejenigen, bei welchen dies zu ersehen war, sind der zweiten Klasse beigezählt, obschon die Väter auch Beamte, Gewerks- und Handelsleute oder Kapitalisten waren.

Was die Schulbildung der Eingetretenen anbelangt, so waren von denjenigen 474 Studirenden, welche vom Sommersemester 1843 an bis in das Wintersemester 1857—58 die Academie besuchten:

	Vom Gymnasium.	Von der Realschule.	Zusammen.
1. Mit dem Zeugnisse der Reife versehen	55.	25.	80.
2. Primaner	71.	58.	129.
3. Secundaner	149.	26.	175.
1.—3. zusammen	275.	109.	384.
4. Tertianer	20.	13.	33.
5. Quartaner	1.	—	1.
6. Unbestimmt	4.	3.	7.
1.—6. zusammen	300.	125.	425.
7. Aus Gewerbe- und Handels- u. dgl. Schulen	—	—	8.
8. Durch Privatunterricht vorbereitet	—	—	41.
1.—8. zusammen	—	—	474.

Es haben also über 75 % der ganzen Zahl die vorschriftsmäßige Vorbereitung, aber nur 16 % eine vollständige Schulbildung. Unter der Abtheilung 1. sind auch die Referendarien begriffen, welche die Academie zur weiteren Vorbereitung für den Staatsdienst besuchten. Die geringe Zahl der Tertianer und Quartaner wird in ihrer Bedeutung noch dadurch wesentlich verändert, daß der größte Theil derselben einem bereits vorgerückten Lebensalter angehörte und schon längere Zeit in der Praxis thätig gewesen war. Die Abtheilung 8. besteht größtentheils aus Ausländern und Söhnen inländischer Landwirthe, deren Aufenthaltsort und Verhältnisse die Annahme von Hauslehrern bedingten.

Was die practische Vorbereitung anbelangt, so ergibt das Album aus der nämlichen Periode als:

unbestimmt	111.
ohne practische Uebung	44.
aus einer Praxis gekommen von:	
½—¾ Jahren	14.
1 Jahr	28.
1½—1¾ Jahren	22.
2 „	52.
2¼—2¾ „	36.

3 Jahren	. . . .	36.
3½—3¾ "	. . . .	19.
4—4½ "	. . . .	34.
5—5½ "	. . . .	28.
6—6½ "	. . . .	15.
7 "	. . . .	13.
8—8½ "	. . . .	11.
9—9½ "	. . . .	4.
10 "	. . . .	4.
13 "	. . . .	1.
14 "	. . . .	1.
16 "	Forstpraxis.	1.
	Zusammen	474.

Die erste Kategorie „unbestimmt" besteht blos aus solchen, welche in der landwirthschaftlichen Praxis gewesen waren. Nur ist die Dauer der practischen Thätigkeit im Album nicht angegeben.

Was das Lebensalter der Studirenden bei ihrer Aufnahme auf die Academie anbelangt, so standen von den 646, welche seit dem Wintersemester 1839—40 bis in das Wintersemester 1857—58 eintraten, im

18ten Lebensjahre	= 13.	28sten Lebensjahre	= 14.
19ten "	= 30.	29sten "	= 8.
20sten "	= 70.	30sten "	= 7.
21sten "	= 92.	31sten "	= 5.
22sten "	= 104.	33sten "	= 4.
23sten "	= 89.	34sten "	= 3.
24sten "	= 94.	35sten "	= 1.
25sten "	= 44.	37sten "	= 1.
26sten "	= 41.	40sten "	= 1.
27sten "	= 21.	unbestimmt	= 4.
		Zusammen	= 646.

Die Kategorie „unbestimmt" hat vergessen, im Album das Jahr der Geburt einzuzeichnen. Die Zusammenstellung beweist, daß die Zahl der Jünglinge unter den hiesigen Studirenden sehr gering war, und der überwiegende Theil derselben schon den reiferen Jahren angehört. Es sind 150 Volljährige darunter, wenn man die Volljährigkeit vom 25sten Lebensjahre an rechnet, und 529 waren über 20 Jahre alt.

Was das Vaterland anbelangt, so waren von der Gesammtzahl aller Studirenden aus:

dem Königreiche Preußen		678.
und zwar aus der Provinz Preußen	89.	
Posen	82.	
Brandenburg	161.	
Pommern	110.	
Schlesien	87.	
Sachsen	99.	
Westfalen	33.	
Rheinprovinz	17.	
Zusammen =	678.	
dem Königreich Sachsen		3.
den Thüringischen Staaten		22.
den Anhaltinischen Landen		4.
dem Königreich Baiern		2.
dem Großherzogthum Baden		2.
dem Herzogthum Nassau		1.
dem Königreich Hannover und dem Herzogthum Braunschweig		27.
dem Großherzogthum Oldenburg		1.
den Großherzogthümern Meklenburg		35.
den Herzogthümern Schleswig-Holstein		7.
den Lippe'schen Landen		5.
Hamburg		13.
Bremen		1.
Holland		1.
Rußland		38.
Polen		17.
Ungarn und Galizien		2.
Schweden und Norwegen		9.
Dänemark		3.
der Türkei		1.
Zusammen =		872.

Was das Studium selbst oder die Absicht mit demselben anbelangt, so beabsichtigten 93 der Gesammtzahl sich theils für den höheren Staatsdienst in der Verwaltung, theils für das Fach der Oeconomie-Commissarien vorzubereiten. Die Uebrigen widmeten sich der Landwirthschaft. Wohl ohne einen Fehler zu begehen, kann man jene 93 als aus dem Stande der Beamten (Nr. 1. S. 126) hervor gegangen ansehen, und es ergibt sich dann, daß von den 223 hiesigen Studirenden aus dem Beamtenstande im Ganzen 130 eigentlich Landwirthschaft studirt haben.

Ich lasse nun noch ein namentliches Verzeichniß aller derjenigen, welche seit dem Frühjahr 1835 hier als eingeschriebene Studirende der Academie angehört haben, folgen.

Ich hoffe damit nicht blos diesen jetzt größtentheils in verschiedenen Lebens- und Amtsstellungen befindlichen Männern verschiedenen Alters einen freundschaftlichen Dienst zu erweisen, sofern sie sich für ihre alten Freunde und für die Academie noch interessiren; sondern ich thue es auch noch in anderer Absicht.

Im Monat Mai 1860 kann die Academie den 25sten Jahrestag ihres Bestehens feiern. Fast ein Jeder ihrer Schüler, welche während meiner Direction dieselbe verließen, hat die Hoffnung oder Absicht ausgesprochen, zu diesem Feste hierher zu kommen. Die Academie nimmt noch heute an Jedem ihrer Schüler als an einem Angehörigen ein warmes Interesse. Dies Verzeichniß soll daher mit dem freundlichsten Gruße an einen Jeden jene Hoffnung oder Absicht in Erinnerung bringen. Im höchsten Grade erwünscht würde es aber hier und namentlich mir persönlich sein, wenn diejenigen derselben, welchen das vorliegende Schriftchen zu Gesichte kommen sollte, brieflich über sich selbst und über andere ehemalige hiesige Studirende, deren Verhältnisse ihnen bekannt sind, über ihre jetzige Lebens- und Amtsstellung, ihren Aufenthaltsort und dergleichen genaue Mittheilungen machen wollten. Dies würde die Zusammenkunft im Jahre 1860 wesentlich erleichtern.

Etwa nothwendige Berichtigungen des Verzeichnisses selbst werden ebenfalls sehr willkommen sein.

Dasselbe ist alphabetisch und unter jedem Buchstaben nach den Jahrgängen des Eintritts in die Academie geordnet, so daß ein Jeder leicht seinen eigenen und die Namen seiner Commilitonen auffinden kann. Von den Preußen ist kurzweg die Provinz der Geburt, von Anderen das Geburtsland angegeben.

Die Arbeit der Zusammenstellung und der Absonderung in die bisher erwähnten Kategorieen hat mir viele Mühe gemacht, aber auch viele Freude bereitet. Denn ich habe die achtzehn Jahre meiner hiesigen Wirksamkeit dabei übersichtlich wieder durchlebt und die Gestalten meiner hiesigen Schüler in der Erinnerung an mir vorüberziehen gesehen.

Verzeichniß
sämmtlicher Studirenden der königlichen staats- und landwirthschaftlichen Academie Eldena.

Mit Angabe des Jahres ihres Eintritts in dieselbe.

Adler, A., Posen 1835.
Altmann, W., Sachsen.
Ausfeldt, O., Gotha.
Alemann, R., Westfalen 36.
Aschenborn, A., Schlesien.
Albert, E., Köthen 38.
Ausfeld, Fr., Gotha.
Adloff, H., Brandenburg 39.
Arenfeldt, A., Schweden 43.
Arndt, G., Posen 44.
Albath, K., Preußen.
Arnous, G. Fr., Brandenburg.
Arndt, P. E. W. B., Posen 55.

Balfour, W., Preußen 1835.
Brünner, J., Polen.
Bethmann, Hannover 36.
Bode, B. A., Hannover.
v. Bredow, K. A., Kgr. Sachsen.
v. Briesen, A., Sachsen.
v. Briesen, G., Schlesien.
Brandt, F., Weimar.
Bartmer, A., Hannover.
Ballo, O., Preußen 37.
Behnke, F. J., Pommern 37.
Bengelsdorf, F. K., Pommern.
Bentz, F. L., Pommern.
Boudouin, E., Holstein.
Breithaupt, C., Pommern.
v. Buddenbrock, G., Curland.
Brandes, C., Mecklenburg 38.
Berger, A. J., Brandenburg.
Braune, H., Sachsen.
Behm, A., Posen.
Bollmann, H., Brandenburg 39.
Berg, K. Fr., Brandenburg.
Bartsch, G. A., Brandenburg.
v. Braunschweig, F., Curland.
Borchardt, Th., Brandenburg.
Boldt, W., Mecklenburg 40.
Buchka, H., Mecklenburg.
Bamihl, R., Brandenburg.
Bunge, K. Th., Pommern.
Bensch, R., Brandenburg 41.
Bieler, L., Brandenburg.
v. Blessingk, W., Rügen.
Bötzow, K., Brandenburg.
Bredow, M., Pommern.

Bessel, K. H. A., Westfalen 42.
Beutell, F. W., Mecklenburg.
Beruoully, F. F. J. H., Brandenburg 43.
Busse, F. F. E., Brandenburg.
Brose, E., Brandenburg.
v. Bronsart, W., Preußen.
v. Below, K., Esthland 44.
Bruhn, A., Holstein.
Bettcher, W., Posen.
v. d. Busche, A. H. E., Rhein.
v. Bertouch, S. A. Th., Dänemark 45.
v. Braunschweig, G., Brandenburg.
v. Buchholz, A., Brandenburg.
v. Borowski, J. R., Galizien.
Blanche, C. F., Brandenburg.
Bachmann, K., Schleswig 46.
Bodenstein, W., Sachsen 47.
v. Bulmering, R., Livland 48.
v. Brixen, E. A., Sachsen.
Berndes, O. H., Posen.
Biedermann, W. E. L., Schlesien 49.
Böckler, A. F. F., Pommern 50.
Bessel, F. W., Westfalen 51.
v. Bredow, H., Brandenburg.
Bergius, E., Preußen 52.
Bering, G., Westfalen.
Bändel, G. F. B., Brandenburg.
Böhme, G. A., Brandenburg.
v. Bonin, L., Pommern.
Brehmer, C. F. Schlesien.
Brune, A., Westfalen 53.
Badicke, F. A. G., Brandenburg 54.
Böckmann, A., Oldenburg,
v. Bojanowski, A. J. M., Brandenburg.
v. Buckowsky, W., Posen 55.
Berger, F. Th., Pommern 56.
v. Behr, F., Pommern.
Billroth, H. O. F., Pommern 57.
v. Belczykiewicz, F., Polen.
Braen, G., Preußen.
Bräm, C. L., Preußen.
v. Byern, H., Sachsen.

Cogho, E., Schlesien 1836.
v. Campe, E., Lippa.
Crusius, R., Preußen 37.
v. Cielicki, J., Polen 41.
Conrad, W., Schlesien 46.
Cryzewski, Wl., Polen 47.
Creydt, B., Hannover.
Creydt, C. R. G., Hannover.
Coburg, H., Pommern 51.
v. Czettritz-Neuhaus, G. J. G., Schlesien 52.
Claassen, F. A., Preußen 54.
Costenoble, R., Sachsen.
Clombeck, F., Rhein 55.
Collin, C., Schweden 57.

Delius, W., Westfalen 1835.
Delius, D., Westfalen.
Dreher, Th., Pommern 36.
Dalmer, G. M., Rügen 37.
Dulon, E., Sachsen.
Dumstrey, K. E., Pommern.
v. Dohna, A., Graf, Preußen 38.
Dommerich, E., Braunschweig.
Dobbeler, C. F. H. de, Hamburg 39.
v. Debschütz, F., Schlesien.
Döring, A., Nassau 41.
Donalies, E. L., Preußen 44.

Delhaes, A., Westfalen 45.
Dieckmann, H., Hamburg 48.
Drawe, G. P. F., Preußen 49.
Dannenberg, A., Preußen 50.
Dalibor, K., Schlesien 51.
Duttenhofer, O., Schlesien.
Dittmann, J., Schlesien 52.
v. Diezelski, M., Pommern 55.
Diekelmann, W., Pommern.
v. Dobiecki, B., Polen 57.

Eichstedt, Fr., Pommern 1835.
Ewald, M., Hamburg 37.
v. Eickstedt, C., Pommern.
Emmerich, A., Westfalen 38.
Ewald, A., Brandenburg.
v. Erdmannsdorf, H., Kgr. Sachsen.
Eckert, W., Brandenburg 39.
v. Eckensteen, F., Schweden.
v. Eckardstein, L. E., Brandenburg.
Engels, J., Rhein.
Elbe, H., Pommern 40.
Erxleben, A., Brandenburg 42.
Espagne, H., Preußen 43.
Essen, H. L., Brandenburg.
Ebert, H., Brandenburg.
v. Eltz, H. F., Livland 44.
Eding, A., Brandenburg.
Engel, M. E., Hamburg 45.
Ernst, B., Braunschweig 47.
Edell, C., Rußland 49.
Eltze, R. E., Brandenburg 52.
Elvers, A. W., Hannover 56.
v. Engelhard, A., Curland 57.

Fock, A., Rügen 1835.
Faulwasser, W., Hamburg 36.
v. Falkowski, J., Posen 36.
v. Fock, E., Curland 39.
Frisch, K. A., Preußen 40.
Fleischauer, J., Sachsen 41.
v. Frankenberg, L. Graf, Schlesien.
Fischer, Ch., Pommern.
Freund, K., Pommern.
Fickler, W., Sachsen.
Friedel, K. L., Brandenburg 42.
Flach, P. O., Sachsen.
Frühbuß, K. F. E., Schlesien.
v. Faber, E., Schlesien 43.
v. Fischer, C. A. M., Schlesien 44.
v. Fernemont, Graf, Preußen.
Floto, R., Braunschweig.
Frick, E., Brandenburg.
Frick, G. F. M., Brandenburg.
Friede, C., Curland.
Fechner, R., Schlesien 45.
Friedrichson, A., Curland.
Flemming, G. J. G. F., Mecklenburg.
Fehrmann, E., Brandenburg 48.
Flaminius, F., Brandenburg.
Fischer, A., Posen 49.
Franz, J. C., Posen 50.
Fritze, H., Sachsen.
Freytag, O., Preußen 51.
Francke, H., Sachsen 55.
Fritsch, C., Sachsen.
Fürstenberg, A. H. G., Brandenburg.
Fincke, H., Polen 57.

Gruner, E. F., Coburg 1836.
Gundlach, E. L., Pommern.
v. Gentzkow, K., Pommern.
Geppert, J., Pommern 37.

Göhde, L. P., Brandenburg 37.
Goltz, A., Polen 38.
Galle, W., Schlesien 40.
v. Gralath, G. F., Preußen.
Grünenthal, F., Brandenburg 41.
Göhde, L., Pommern.
Grube, E., Brandenburg.
v. Garnier, A., Schlesien.
Grohs, H., Preußen.
Goes, K. C. A. E., Brandenburg 42.
v. Götzen, G., Graf, Schlesien.
v. Garnier, H., Schlesien.
Günther, F. A., Brandenburg.
Gerling, K. L., Mecklenburg.
Gertmann, A., Westfalen.
Guradze, O. L., Schlesien 43.
Gold, E., Brandenburg.
Grimmig, K. F., Schlesien 44.
Görtz, K., Posen.
Glaeser, H. E., Brandenburg 45.
v. Gersdorff, W. R., Schlesien.
Günther, A., Schlesien 46.
Gorke, J., Schlesien 47.
Grabowski, J., Posen.
Gregor, E., Posen 48.
Gamm, J. R., Preußen 49.
Grundies, O., Preußen.
Godembowski, A., Polen.
v. Grote, A., Livland 50.
Gantkowski, F., Posen 51.
Grundmann, F., Schlesien.
Grabe, R., Preußen.
v. Gisycki, G., Preußen 52.
v. Glöden, S., Rhein 53.
Guse, C. E. W. Pommern.
Grund, C. F., Pommern.
v. Gizycki, W., Preußen 54.
Gregorie, L., Preußen 54.
Grinda, G. A. A., Preußen 56.

Hirt, E., Brandenburg 1835.
v. Hanstein, K. S., Sachsen.
Hagen, J., Preußen.
Hammer, A., Sachsen.
Hanemann, A., Altenburg.
Hoth, H., Mecklenburg.
Huth, A., Pommern.
Heuer, R., Brandenburg 36.
Helferich, J. K., Baiern.
Hofmeister, Ch., Holstein.
Heine, K. J., Brandenburg.
Herberg, W., Pommern.
Hellmuth, H., Brandenburg 37.
Henniger, K., Sondershausen.
Hollefreund, K. E., Brandenburg.
Hoppe, B., Preußen.
Huttner, H., Sachsen.
Haase, K., Rügen.
v. Hagemeister, H., Livland.
Höcker, F. A., Lippe.
Hahn, W., Sachsen 38.
Harms, K., Hannover.
Haack, W., Brandenburg.
Hassel, A., Preußen.
Haug, P., Preußen.
Heinrichshofen, A., Sachsen.
Hildebrandt, F., Schlesien.
Hoffmann-Bang, J., Dänemark.
Huchzermeier, F., Westfalen.
Hübler, H., Sachsen 39.
v. Heyden-Linden, C., Pommern.
Hollmann, R., Brandenburg.
Hänsell, W., Livland.
Hoppe, A., Brandenburg 40.

Hüsenett, H. R., Pommern 40.
Hielscher, A., Schlesien.
Hürche, K., Brandenburg 41.
Hartfeil, H., Pommern.
Hoffmüller, W., Pommern.
Hoffmann, R., Brandenburg.
Heyer, F., Schlesien.
Höber, F. H., Hamburg.
Hanckwitz, W., Brandenburg.
Helling, O., Posen.
Hielscher, H., Schlesien.
Hartung, G., Preußen.
v. Heyden, K., Pommern 42.
v. Heyden, W., Pommern.
Hart, J. F. O., Preußen.
Herrmann, K. A. Th., Brandenburg.
Hermes, J. J. E., Schlesien.
Haacke, E. F., Sachsen.
Hartung, G. L., Preußen 43.
Heyne, P. K. G. W., Hannover.
Hirschfeld, J., Preußen.
Hallström, K. J., Schweden.
Harttung, E., Brandenburg.
Hoffmann, Th., Posen.
Hartstein, E., Sachsen.
Herrmann, J., Rußland 44.
Hartmann, E., Posen.
v. Holtzbrinck, L., Westfalen.
Hühne, L. G., Sachsen.
Hoppe, G., Posen 46.
Hübner, C., Pommern 47.
Hanspach, E. F., Schlesien 50.
Horch, H., Sachsen.
Horodynski, E. F. W., Polen.
Heym, F. A. B., Sachsen 51.
Heyse, M. F., Brandenburg 52.
Harmening, W., Sachsen 53.
Heintze, E., Schlesien 53.
Heising, F., Westfalen.
Helling, L. A., Posen.
Horn, A., Mecklenburg.
Heiden, J. Ch. E., Pommern 54.
Hartsch, H., Pommern 55.
Hohenschütz, F., Rhein.
Holz, P., Preußen 56.
Hantower, H., Polen 57.
Hasperg, O., Hamburg.
Hoffmann, H., Schlesien.

v. Jagow, A. F. W., Sachsen 1835.
Jenisch, W. G., Sachsen 36.
Ismer, H., Posen.
v. Jaski, Köhn, Preußen 38.
Johns, O., Hamburg.
Janiszewski, J., Posen 39.
Jouin, W., Brandenburg 41.
Jesnitzer, R. E., Pommern 42.
John, E., Brandenburg 43.
Jannasch, K. L., Brandenburg 44.
Just, W., Posen.
Järschky, Th., Schlesien 46.
v. Jurewitsch, P., Rußland.
Jezewski, K., Posen 47.
Jacobi, C. J., Brandenburg 49.
Jänicke, H., Brandenburg 53.
Ismer, R. J., Schlesien 54.
Jordan, A., Sachsen 55.

Kroszewski, C. L., Preußen 1835.
v. Kriegsheim, C. K., Pommern.
Kannegießer, T. G., Pommern.
v. Katte, A., Sachsen.
Kühnast, E., Posen.
Karbe, W., Brandenburg 36.

Karbe, J., Brandenburg 36.
Kirsten, L., Gotha.
Kölbl, K., Posen.
v. Klitzing, M., Brandenburg.
v. Kriegsheim, A., Brandenburg.
Körber, A., Sachsen.
v. Klitzing, C. W., Brandenburg.
v. Katt, H. E., Brandenburg 37.
Köhler, F., Meiningen.
Kersten, H., Sachsen.
Kothe, O., Brandenburg 38.
Küstner, O. W., Sachsen.
Kraft, W. A., Kgr. Sachsen.
Khün, K. F., Brandenburg.
Khün, K. W., Brandenburg.
Kögel, E., Posen 39.
Krause, J. H., Posen.
v. Knebel-Döberitz, C., Pommern.
v. Keyserlingk, F., Curland 40.
Königh, O., Posen.
Krieger, O., Preußen 41.
v. Kerßenbrock, F. A. M., Sachsen.
Khün, W., Sachsen.
Karbe, K., Brandenburg.
Kopka, F., Preußen.
Kirstein, W., Pommern.
Königsmann, E. E. A., Holstein 42.
Kutzner, E., Posen.
Kayser, K. F., Westfalen 43.
Kaliski, S., Posen.
Kennemann, O., Brandenburg.
Krarup, H., Dänemark 44.
Kirchmayer, J., Krakau.
v. Krogh, H., Holstein.
Kukutsch, G., Schlesien.
Kuntzen, C. A. H., Sachsen.
Knobloch, L., Schlesien.

Köhler, K. F. H., Schlesien 44.
Khün, E., Brandenburg 45.
Krug, A., Sachsen.
Kazubski, L., Posen.
Königs, J. J., Rhein 46.
Kohn, R., Mecklenburg.
Keller, K. E., Brandenburg 47.
Keuffel, Fr., Brandenburg.
Körber, F., Sachsen.
v. Karlowski, J., Posen.
v. Klitzing, L., Brandenburg.
König, H., Preußen 49.
Koch, G., Mecklenburg 50.
Koch, W., Polen.
Köler, J. G. F., Hannover.
v. Kotze, U., Sachsen.
Krieger, G. H. L., Preußen.
Keitel, E. E., Hannover 51.
Knorr, E., Pommern.
v. Koszuzki, A., Posen 52.
Klenow, J. J., Hamburg.
v. Kozyczkowski, A. L. C. E., Pommern 53.
v. d. Knesebeck, A., Sachsen 54.
v. Kuczkowski, R., Constantinopel.
Kockum, C. L. P., Schweden 55.
Keetmann, E., Rhein.
Kämmerling, H., Pommern 56.
Kuhn, W., Preußen.
Klose, W., Schlesien 57.
Konkolewski, L., Polen.
Kutzner, G., Posen.

Licht, R., Posen 1836.
v. Loën, J., Brandenburg 37.
v. d. Lühe, J., Mecklenburg.
Lehzen, H., Hannover.

Lutteroth, E., Sachsen 38.
Lucke, K.. Sachsen 39.
Langewisch, K. F., Preußen.
v. d. Lühe, H., Mecklenburg 40.
Lobach, R., Preußen 41.
v. Löper, W., Brandenburg.
Lutteroth, E., Sachsen.
Luther, W. M., Brandenburg 42.
v. Lasocki, L., Graf, Polen 43.
Levenhagen, A., Mecklenburg.
Levenhagen, F., Mecklenburg.
Lüntzel, M., Hannover.
v. Lasocki, S., Graf, Polen.
Lübke, C. J, Pommern 44.
Leitzmann, W., Sachsen.
Logan, Th. E. A., Mecklenburg 45.
Luyken, W., Holland.
Lübbren, J., Hannover 46.
Lüdicke, K. E., Sachsen.
Lagemann, F., Pommern 47.
Lemke, K., Hamburg.
Lauer, K. G., Brandenburg 48.
Lagemann, F. H. J., Pommern.
Lancelle, M., Rhein 51.
Lorenz, H. M., Pommern 53.
Lilie, R., Schlesien 55.
Lück, A., Posen 56.
Luszczewski, J., Graf, Posen.
Lattermann, R., Kgr. Sachsen 57.
v. d. Lancken, C., Rügen.
Lüdicke, O. L. F., Brandenburg.
Lüdicke, C. A. F., Brandenburg.

May, L., Rhein 1835.
v. Mohrenschildt, A., Rußland.
Müller, P. B., Sachsen.
Mauritius, K. A. L., Mecklenburg.
Muth, Fr., Brandenburg 35.
Müller, H., Gotha 36.
Müller, Th., Meiningen.
Menzendorf, F., Sachsen.
Matecki, V. K., Posen.
Müller, R., Brandenburg.
Magnus, F., Preußen 37.
Müller, Chr. Fr., Sachsen.
Mankewitz, J., Preußen.
Mittelstedt, J., Posen.
Möck, A., Pommern.
v. Manteuffel, K., Curland 38.
v. Mohrenschildt, H., Esthland.
v. Mohrenschildt, B., Esthland.
Mohr, K., Brandenburg.
Morgenbesser, L., Schlesien 39.
Möller, Th., Brandenburg.
Münchmeyer, W., Pommern 40.
Matzke, W. J., Schlesien.
Mahlitz, F. W., Brandenburg.
Malin, E., Brandenburg 41.
Meißner, F., Schlesien.
v. Minnigerode, Fr., Sachsen.
Melms, Th., Pommern.
Müller, Fr., Mecklenburg 42.
v. Medem, K., Graf, Curland.
v. Mellenthin, O. C. F., Pommern.
Mitchell, F., Baden.
Meyer, W. A., Sachsen.
v. Mallinkrodt, G., Westfalen 43.
Mentz, H. F. H., Brandenburg.
Meinders, O., Westfalen.
Maye, Th., Sachsen.
Muczkowski, Th., Posen 45.
Mausolff, L., Schlesien.
Meyer, A., Bremen 46.
Mizerski, K., Posen.

Michalski, S., Posen 47.
Menzel, P., Pommern 48.
Maaß, L. A., Sachsen.
Meyer, R., Sachsen.
Meinicke, H., Brandenburg 49.
Meyenn, C. A., Livland.
Mayerhauser, P. J. H., Schlesien 51.
Meeßmann, Th., Westfalen.
Müncke, L., Schlesien.
Meininghaus, W., Rhein 52.
Moßner, A. H. P., Brandenburg.
Meeßmann, C., Westfalen 53.
Müller, A. L., Brandenburg 54.
Maquet, A., Sachsen.
Maquet, M. G., Sachsen.
Meisner, J., Polen.
Margowski, W. Th., Posen 55.
Meye, W., Preußen.
Möller, A. J. H., Pommern.
Müller, H., Posen.
Moritz, E., Mecklenburg 56.
Martiny, B., Schlesien.
v. Maczurkiewicz, F., Posen 57.
Marcurth, F. A., Brandenburg.
Möller, C. C., Westfalen.

v. Normann, Ph., Rügen 1835.
Nitze, E. F., Sachsen.
Neubart, L., Brandenburg 36.
Nathler, F., Sachsen.
Nauk, R., Mecklenburg.
Nouvel, A., Pommern.
Niemeyer, W., Pommern.
Neumann, F., Posen 37.
Nitzschke, O., H., Schlesien.
Niemöller, A., Westfalen 39.
v. Nickisch, K. W. E., Schlesien 40.
Nöbel, W., Pommern 41.
v. Normann, F., Brandenburg.
Neumann, J., Pommern 42.
Naumann, F., Pommern 43.
Niebuhr, Th., Sachsen 45.
Nawrocki, O., Preußen 47.
Neumann, J. Th. E., Schlesien 50.
Nordmann, O., Posen 54.

Osterroht, H., Brandenburg 1839.
Offenhäuser, K. G. H., Brandenb. 42.
Oske, F. A., Sachsen 43.
Ohloff, J., Sachsen 45.
Opalski, L., Posen.
v. d. Osten, W. Chr., Hannover 46.
v. Oswiecimski, A., Posen 47.
Otto, K. L. F., Brandenburg.
v. Oertzen, H., Mecklenburg 57.

v. Prittwitz, F. W., Schlesien 1836.
Plathner, A., Schlesien 37.
Piper, C., Pommern.
Pfeifer, W., Sachsen 38.
Pleschner, J., Hamburg 41.
v. Pagowski, J., Posen 42.
Petersen, K. F., Pommern.
Petermann, W. L., Pommern 43.
v. Putlitz, A., Brandenburg 44.
v. Potocki, B., Graf, Posen.
Pilaski, E. A., Posen.
Pancritius, F. E., Preußen.
Pfaul, J. W. E., Preußen 45.
Peschel, J., Posen 46.
v. Prillwitz, A., Brandenburg.
Pape, L., Schlesien 47.
Pomme, K., Sachsen.
Pietruski, F., Schlesien 50.

Pietrusky, P., Schlesien 50.
Palm, G. O. F., Schlesien 51.
Pancritius, A., Preußen.
Patzig, K., Pommern.
v. Praun, A., Braunschweig 52.
Paschke, R. R., Brandenburg 53.
Pilaski, J., Posen.
Paschke, M. H., Brandenburg 54.
Patzig, H. G., Pommern.
Parisius, H. F. W., Brandenb. 55.
Pilchowski, F., Preußen 56.

Quednau, H. E., Preußen 1845.
Quandt, H., Pommern 46.
Quandt, F., Pommern 53.

Röstell, K. G., Brandenburg 1835.
v. Reichenbach, G., Graf, Schlesien.
Rydeberg, O. A., Schweden.
Reimer, M., Brandenburg 36.
Richter, Th., Preußen.
Ribbentrop, A., Sachsen.
v. Röbern, A. J., Preußen.
Reuter, R., Preußen 37.
Richelmann, F., Hannover 38.
Rietsch, A., Sachsen.
v. Raumer, H., Schlesien.
Retz, H., Posen 39.
Röttecken, H., Westfalen.
Röder, A., Brandenburg.
Regen, F., Pommern 40.
Rewoldt, J., Pommern 41.
Rohde, O., Mecklenburg.
Reissert, R. G., Brandenburg 42.
v. d. Reck, G., Curland.
v. Rudnicki, S., Posen.
Rohrmann, R., Posen 43.
v. Rennenkampf, C., Ehstland 44.
Rudzinski, A., Schlesien.
Ribbeck, H., Brandenburg.
v. Röthen, J. W. Schäring, Pommern 45.
Rolf, A., Westfalen.
Ritscher, L., Hannover 46.
Ruschke, K., Posen.
v. Rembowski, A., Posen.
Rothe, G. H., Sachsen 47.
Röhrig, G., Rhein 48.
Rehhahn, F., Brandenburg 49.
v. Rosenberg-Lipinski, R., Schlesien.
v. Radonski, Th., Posen 50.
Rohmer, F. E., Sachsen.
Rechlin, W., Rügen 52.
Reinhold, G. J. H., Preußen.
Rhäsa, E., Sondershausen.
Reimer, M., Pommern 53.
Rhode, F. G. H., Preußen.
Reddelin, H., Mecklenburg 54.
Reschke, F. W., Preußen.
Rudatis, A., Preußen.
Regenbrecht, G. H. B., Schlesien 55.
Reymann, M., Schlesien.
Roth, W., Sachsen.
Reinhold, F., Mecklenburg 56.
Riebensahm, G. H. A., Preußen.
Römer, A., Mecklenburg.
Röhrig, E., Rhein 57.
Rosemann, R., Schlesien.
Rosenpflanzer, G., Livland.

Schreck, A., H., Sachsen 1835.
v. Schleinitz, H. C., Sachsen.
v. Scheven, A., Rügen.
Siemers, R., Mecklenburg.

Sillich, K. P., Meiningen 35.
Smith, H., Pommern 36.
Strien, G. A., Sachsen.
v. Schauroth, W. A., Coburg.
Schlemm, F. L., Sachsen.
Schlenther, E. J., Preußen.
Stever, H., Mecklenburg.
v. Stockmeyer, H., Coburg.
Sommer, E. Th., Weimar.
Schiffert, J., Preußen.
Sydow, H., Brandenburg.
Snethlage, E., Rhein.
v. Seckendorf, H., Pommern.
Schröder, R., Pommern 37.
Schultz, R., Brandenburg.
v. Schwerin, Graf, Pommern.
Schilling, J. F., Brandenburg.
Spalding, F. A., Pommern 38.
Staats, H., Brandenburg.
Szumann, An., Posen.
v. Scriba, H., Hannover.
Schmidt, A., Pommern.
Schulze, B., Sachsen.
Streckfuß, K. M., Sachsen.
Sievers, G. A., Mecklenburg.
Seldis, A., Posen.
Schlitte, K., Sachsen.
Schleußner, K., Posen.
Schildener, H., Pommern.
Schönberg, F. G., Brandenb. 39.
v. Storch, J., Mecklenburg.
v. Sokolnicki, J., Graf, Posen.
Stock, H., Posen.
Selle, H., Pommern 40.
Susemihl, F., Holstein.
Schade, G., Pommern.
Seiler, W. O., Sachsen.
Schwieger, H., Brandenburg 40.
Schober, H. E., Brandenburg.
Schulz, A. O., Schlesien.
Schatz, K., Posen.
Strahl, L., Brandenburg.
v. Schmettow, B. G., Graf, Schlesien.
v. Schlagenteufel, E., Pommern.
Strege-Lütke, F. W., Pommern.
Schwarz, L., Preußen 41.
Schmidt, F., Preußen.
Sachße, E., Sachsen.
Schlüsser, E., Brandenburg.
Suntheim, K., Hannover.
Salzmann, H., Preußen.
Solger, R., Pommern.
v. Sadowski, St., Posen.
Schröder, J. W. G., Preußen 42.
Schwarzlose, J., Sachsen.
Schulemann, K. G., Posen.
Scheller, H., Brandenburg.
v. Schröders, E., Curland.
Schwan, W. G., Brandenburg.
v. Staff, H., Preußen.
Spiegel, K. A., Pommern.
Soyaux, G. E., Posen.
v. Schmettow, H., Graf, Schlesien 43.
Sannert, Ch. G., Schlesien 44.
v. Swinarski, E., Posen.
Schubert, M. K. F. E., Preußen.
Simund, G. F., Pommern.
Spillecke, J. A. W., Brandenburg.
v. Suchecki, J., Polen.
v. Seherr-Toß, J., Schlesien.
Sander, K., Sachsen.
v. Saucken, O., Preußen.
v. Stade, E. Th., Pommern. 45.
Schmidt, F., Sachsen.

Schröder, E., Westfalen 45.
v. Stanowski, J., Posen.
v. Stempel, E., Curland.
Solger, C. E. F., Pommern.
Sy, A. H., Brandenburg.
Schemel, H., Brandenburg.
Seidel, G., Schlesien 46.
Schönn, Fr., Brandenburg.
v. Somnitz, W. K. E., Pommern.
Strübing, O., Brandenburg.
Schlenther, A., Preußen.
v. Stackelberg, F., Ehstland.
Streckfuß, A. K., Brandenburg.
Steppahn, L. A., Preußen.
Schachtmeyer, F. A. E., Posen.
v. Sivers, A., Livland 48.
Stefanowicz, J., Posen.
v. Soden, H., Brandenburg.
Sterneborg, J., Westfalen.
v. Staff-Reitzenstein, G., Baiern.
v. Sänger, C. J. F., Curland 49.
Schtscherbakow, W., Rußland.
Seidler, J. A. H., Brandenburg.
Selß, E. J., Westfalen 50.
Schnabel, G., Rhein.
Skorczewski, V., Posen.
Susmann, H., Sachsen.
Salvesen, J. O., Norwegen.
Steinwedell, G. F., Hannover.
Schragmüller, C., Westfalen 51.
Spalding, O., Pommern.
Stüve, C. G. E. Th., Hannover.
Sala, E., Brandenburg.
Siemers, A., Mecklenburg.
v. Schweinitz, Graf, Schlesien.
v. Schachtmeyer, Th. F., Preußen 52.
Schumann, O., Brandenburg.
Schencke, O, Thüringen 52.
Schwaan, J. E., Preußen.
Sellgitt, C. G., Schlesien.
v. Skrzyllewski, M., Posen.
Schlenther, J. L., Preußen.
Schröder, A. Westfalen.
Schultz-Leitershofen, E., Brandenb.
Schönduve, B. M., Brandenburg.
Skerl, Th., Brandenburg 53.
Slapium, E., Livland.
Schmiedecke, A. O. E., Pommern.
Schütte, W., Westfalen.
Stub, A., Preußen.
Sander, Th. L. E., Schaumburg 54.
Schinck, A., Pommern.
Scholtz, P., Posen.
Schoß, O. M.-A., Sachsen.
Schreiber, H. W., Schlesien.
Schultze, P. S., Pommern.
Starcke, R., Brandenburg.
Stengel, A., Preußen.
Schiche, S., Schlesien 55.
Schünemann, R., Brandenburg.
Salomon, E., Mecklenburg.
Salckowski, J. E., Preußen.
Schellhorn, J. H. A., Brandenburg.
Sternberg, W. L. A., Rügen.
v. Schönau-Wehr, A., Baden 56.
v. Szirmay, A. J. Th., Ungarn.
Schneider, F. W. J., Brandenb. 57.
Schönberg, E. F. W., Livland.
v. Scheele, F. A. B., Schweden.
v. Schuckmann, E., Mecklenburg.

v. Treskow, R., Brandenburg 1837.
de Terra, G., Preußen.
Tischner, J., Rußland 38.

Tögel, A., Sachsen 41.
Totenhöfer, A. F., Preußen 42.
Toppius, K. R., Hannover.
Tausch, J. F., Brandenburg 43.
v. Thokarski, St., Posen.
Thunig, J. E. A., Schlesien.
v. Tiesenhausen, D., Ehstland 44.
Taureck, R., Preußen 45.
v. Thermo, M., Brandenburg.
Teetzmann, G. E., Sachsen 48.
v. Tschernopiadow, E., Rußland.
Teetzmann, O., Sachsen 49.
Tuckermann, W., Sachsen.
Tolberg, W. A., Sachsen.
Tripke, H. A., Schlesien.
Troschke, A. W., Brandenburg 50.
Tigler, C. H., Rhein 51.
Timm, H., Brandenburg.
Tinge, C., Detmold 52.
Trentin, J., Schlesien.
Trogisch, C. E., Schlesien 53.
Tummeley, H. D. F., Brandenb. 55.
v. Topinski, J., Schlesien 57.

Ulemann, Dr. A., Weimar 1838.
v. Unwerth, A. H., Kgr. Sachsen 39.
Ueberhorst, P. L., Westfalen 40.
v. Unruh, St., Posen 41.

Varnhagen, H., Waldeck 1835.
Vetterling, G. F., Sachsen.
v. Voß, H., Mecklenburg 36.
Völlner, J., Mecklenburg 37.
Voigt, W., Bernburg 38.
Vorster, W., Westfalen 40.
Vogel, J. A. W., Pommern 43.
Vetter, A., Westfalen 54.
Voß, G. H. T., Hannover 56.
Voß, G. M. Ch., Pommern 57.

Weihe, H., Westfalen 1836.
Winckler, O., Sachsen.
Wilda, A., Hamburg.
Weiße, K., Brandenburg 37.
Wewer, H., Hamburg.
Weinberg, V., Rudolstadt 38.
Weißermel, K., Preußen.
Weißenborn, F., Gotha.
Willert, H., Schlesien.
Würck, Th., Brandenburg.
Westfeld, E., Hannover 40.
Witte, L., Brandenburg.
v. Waldow, K., Brandenburg.
Wernecke, Th., Sachsen.
Wichmann, W., Westfalen.
Wittkopf, H., Mecklenburg 41.
v. Wiedebach, P., Brandenburg.
Werkmeister, A., Pommern.
Wilke, E., Posen.
Wächter, J. E., Preußen 42.
Woldeck von Arneburg, R. A. O., Sachsen.
Wallenius, W., Pommern.
Wendenburg, Th., Sachsen.
Westenholz, G., Mecklenburg.
Wichmann, F. J., Sachsen. 43.
Wagemann, G. K. E., Brandenburg.
Wallis, A., Schweden.
Walz, A. L., Schlesien.
Wahren, H. Th. F., Sachsen 44.
Wedthoff, H., Preußen.
v. Wittenheim, F., Curland 45.
Wandel, Ph., Pommern.
Wahle, H., Brandenburg 46.

Wißmann, F. F. K., Brandenburg.
Weidemann, H., Mecklenburg 47.
Wiesing, K., Sachsen.
Wirth, B., Schlesien.
Wöltje, Chr., Hannover.
Willmann, A. R., Preußen 48.
Wahl, F., Schlesien 49.
Weerth, E., aus'm, Rhein.
Weiß, E. G. J., Brandenburg.
Wegener, C., Preußen 52.
v. Weihe, C., Hannover.
v. Weise, C. G., Bernburg.
Wilcke, G. F., Brandenburg.
Winckelmann, F. C. E., Brandenb.
v. Witzleben, E. G. A. H., Schwarzburg 53.
v. Witzleben, J. W. G. E., Schwarzburg 54.
Weber, G., Brandenburg.
Wolter, F. W. Ch. E., Pommern.
Weber, E. O. C., Schlesien 56.
Witte, H. W. G., Pommern 56.
Weste, J. Ch. L. A., Sachsen 57.
Wirth, L. E., Brandenburg.

v. Zech, K. A., Gotha 1835.
v. Zelewski, F., Pommern 36.
Ziehe, M., Brandenburg 38.
Zillenski, Livland.
Zimmermann, F., Preußen 41.
Zothe, A., Schlesien.
Zimmermann, A. L., Sachsen 42.
Zeihe, L., Preußen 46.
Zachau, F., Sachsen.
Zschentschler, A., Schlesien 48.
Zimmer, P., Schlesien.
v. Zanthier, C., Bernburg 52.
Zimmermann, C. O., Schlesien 53.
Zanders, H., Rhein 55.
v. Zychlinski, L., Posen 57.
Zielke, O., Preußen.